Letters to my Grandsons
Cartas a mis Nietos

Irene M. Herrera

iUniverse, Inc.
Bloomington

Letters to my Grandsons
Cartas a mis Nietos

The views expressed in this work are solely those of the author and do not necessarily reflect the views of the publisher, and the publisher hereby disclaims any responsibility for them.

iUniverse books may be ordered through booksellers or by contacting:

iUniverse
1663 Liberty Drive
Bloomington, IN 47403
www.iuniverse.com
1-800-Authors (1-800-288-4677)

Because of the dynamic nature of the Internet, any Web addresses or links contained in this book may have changed since publication and may no longer be valid.

ISBN: 978-1-4502-6869-1 (sc)
ISBN: 978-1-4502-6870-7 (ebk)

Printed in the United States of America

iUniverse rev. date: 5/5/2010

Dedicated to my grandchildren.
Dedicado a mis nietos.

I wrote these letters for my grandsons, pouring everything I feel for them into words. I hope they will keep them as lovingly as I wrote them.

Estas cartas fueron escritas para mis nietos, y en ellas he volcado todo lo que siento por ellos. Espero que las guarden con el mismo amor que puse al escribirlas.

I wrote my first letter to Julian on the day he was born. Two weeks later, I learned I had breast cáncer and only four month to live. I realized then that I had to keep writing if my grandson was to know my unconditional love for him and the stories of his ancestors and our roots. Four months passed and then another four. Two years later my second grandson, Enzo, was born. My collections of letters grew bigger still, as big as the love I shared with these two boys.

I believed it was the power of their love that led me into remission, along with the knowledge I acquired as nutritionist, licensed massage therapist, and colon hydrotherapy, also learned many alternative treatments in my almost two decades at Hippocrates Health Institute.

I filled the letters in this book with raw emotions and heartfelt solid advise in hope that my grandsons and you, my readers, find something of value here to keep and carry with you.

Comenze a hacerle cartas para Julian el dia de su nacimiento.

A las dos semanas me diagnosticaron cáncer del seno y solamente cuatro meses de vida, comprendi que debía seguir escribiendo para que el supiera mi amor incondicional y conociera de sus antepasados y de nuestras raíces. Pasaron cuatro meses y otros cuatro. Pasaron dos años y nació mi segundo nieto, Enzo, y la colección de mis cartas siguió creciendo al compas de nuestro amor. Fue la fuerza del amor de mis nietos que me guio hacia la remisión, junto a mis conocimientos como nutricionista y terapeuta de masaje y del colon, y los tratamientos alternativos que aprendi en casi dos décadas en Hippocrates Health Institute. Este libro esta cargado de emoción y consejos solidos, los cuales espero que mis nietos y mis lectores podrán llevar con ellos.

1

Acknowledgments
Reconocimientos

I am deeply thankful to my son Julio and his wife Andrea, whose loving union made it possible for me to know the sublime love of my grandsons. Thank you, Julio, for the privilege of being your mother. Thanks also to Aloma for supporting me throughout the writing of these letters. I love you all.

Quiero testimoniar mi agradecimiento a mi hijo Julio y a su esposa Andrea cuya amorosa unión hizo posible que conociera el amor sublime de mis nietos. Gracias Julio por el privilegio de ser tu madre. Para Aloma que me apoyo en la escritura de estas cartas. Los amo a todos.

March 8, 2000

Dear Julian,

    These letters are my gift to you. I will fill them with the love you inspire in me and with my dreams for your future.

    I will tell you about the most important events of my life and about the people who have touched me with their love.

    I hope that you will come to know me through my words. Being your grandmother has been one of the best things in my life.

    The most sublime moment was when I saw you come into this world. Holding you in my arms for the first time moved me so intensely that it's difficult to explain what I felt.

    Every day I ask God to protect you and to give us more time together.

Granny Mima

8 de marzo, 2000

Querido Julian:

Estas cartas son un regalo para ti. Las llenaré con el amor que me inspiras y con mis sueños para tu futuro.

Te contaré sobre los hechos más importantes de mi vida y sobre las personas que me han tocado con su amor. Espero que a través de lo que te escriba conozcas quién soy. Una de las mejores cosas de mi vida es ser tu abuela.

El momento más sublime fue cuando te vi nacer. Tomarte en mis brazos por primera vez me provocó una emoción tan intensa, que sería muy difícil de explicar.

Le pido a Dios todos los días que te proteja y que nos regale mucho tiempo para compartir.

La abuelita Mima

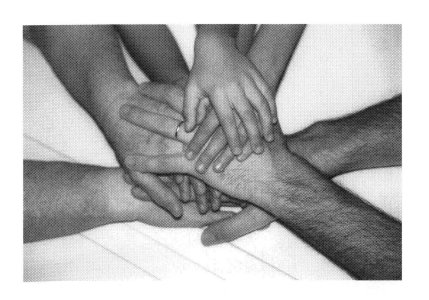

March 8, 2000

Dearest Julian,

Today at 2:08 pm you were born. You came into the world healthy, strong and vibrant. We are all so happy to have a baby in the family. I have wished for your birth for such a long time. During your mother's pregnancy, I would often give her massages and would caress you too through her womb. In these tender and intimate moments, I spoke to you, trying to forge a bond between us months before your birth.

The wait has been a time of serene restlessness, of joyful anxiety. Your parents shared many of these pre-birth experiences with me. I felt a great rejoicing for being close to them and part of this transcendent time, and for that my gratitude is infinite.

Yesterday the three of us went to the hospital and I stayed until after your birth. When I returned home, I called the whole family to share the great news.

First I called my mother Inés, your great-grandmother. She laughed nervously, asking if everything was all right. She lives in Las Piedras, near Montevideo, Uruguay, where I was born. I am certain she will come here soon, as she wants so much to meet you.

The journey won't be easy for her: she is 81 years old, lives far from the airport and would have to endure a 10-hour flight. But I know no obstacle can stop her.

The rest of the family will soon visit you in the hospital or at your home to welcome you to the world.

Some time ago, I went out to dinner with your parents and they asked me what name I would want for you. I told them Julio, your father's and great-grandfather's name and one of my favorites. But your father told me that your mother was not fond of that name. They instead decided to call you Julian, a blend of both their names.

With all my love,
Your Grandma Mima

8 de marzo, 2000

Queridísimo Julian:
 Hoy a las 2.08 de la tarde naciste tú. Llegaste al mundo saludable, fuerte y vibrante. Estamos todos muy felices de tener un bebé en la familia. Anhelé tu nacimiento mucho tiempo. Cuando tu mamá estaba embarazada, yo a menudo le daba masajes y también te acariciaba a través de su vientre. Durante esos tiernos e íntimos momentos yo te hablaba tratando de crear un lazo entre nosotros, meses antes de que tú nacieras.
 Todo el tiempo de espera ha sido de una serena inquietud, de una alegre ansiedad. Tus padres compartían conmigo muchas de las experiencias pre parto. Yo sentía un gran regocijo por estar cerca de ellos y por ser parte de ese momento tan trascendente y por eso mi gratitud hacia ellos es infinita.
 Ayer, los tres nos fuimos al hospital y yo me quedé hasta después de tu nacimiento. Cuando volví a mi casa, llamé a toda la familia para compartir la gran noticia de tu nacimiento.
 Primero llamé a mi madre Inés, tu bisabuela; se reía nerviosa preguntando si todo estaba bien. Ella vive en Las Piedras, cerca de Montevideo, Uruguay, donde yo nací. Seguro que vendrá pronto porque ella también quiere conocerte.
 Aunque a sus 81 años, viviendo lejos del Aeropuerto y teniendo que volar 10 horas para llegar hasta aquí, el viaje no resulta tan fácil; pero sé que no habrá nada que la detenga.
 El resto de la familia irá a verte al hospital o te visitará en tu casa para darte la bienvenida a este mundo.
 Hace un tiempo, fuimos a cenar con tus padres y me preguntaron cómo me gustaría que te llamaras. Yo les dije: Julio, pero tu papá me dijo que a tu mamá ese nombre no le gustaba. Decidieron llamarte Julian, que como ves, es una combinación de los nombres de tu mamá y de tu papá.

      Con todo mi amor,
      Tu abuela Mima

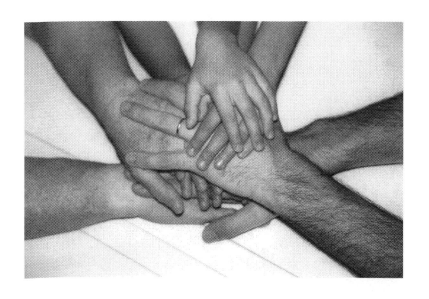

March 15, 2000

Dear Julian,

Your great-grandmother arrived today, after a week's preparation for her journey. She has come to meet you and is very happy. We just can't leave you alone in your crib, not even for a second. You are passed from arm to arm, and your mother does not worry that all our holding will spoil you and you will cry later when you are alone in your crib. So your great-grandmother and I take advantage and we cradle you and rock you and flood you with all our love.

You are beautiful and I go to see you almost every day. Some days I prepare food for your parents because I know they are tired—it is a new and demanding experience to have a baby in the house. Julio looks exhausted, but he bears that weariness with joy because the one responsible for it is a little person he adores.

Your dad is a good person. When he comes home from work, he helps your mother a lot. There is a very special communion between them, a love that transcends them and fills my spirit with deep tranquillity whenever I see them. Your mom dedicates so much time to you and cares for you with a sweet selflessness and surrender.

When I was bringing up your father by myself, I thought nobody saw or appreciated my struggles. But I felt a sweet acknowledgment today when your father told me: "Mamá, now that I have a child, I realize what you went through to raise me on your own." With these words he showed me that he knew how hard I'd had to work for our survival and success all those years ago.

Lovingly,
Your Grandma Mima

15 de marzo, 2000

Querido Julian:

Tu bisabuela llegó hoy. Tuvo una semana de preparaciones para su viaje. Ella vino a conocerte y está muy feliz. Nosotros no te dejamos solo ni por un momento en tu cuna. Vas de brazo en brazo y tu madre no se preocupa de que te acostumbres demasiado a eso y luego llores cuando estés solo en tu cuna. Tu bisabuela y yo tomamos ventaja de la situación y te mecemos y te inundamos con todo nuestro amor.

Te ves hermoso, yo voy casi todos los días a verte y algunas veces le preparo comida a tus padres. Yo sé que ellos están cansados... es una nueva y exigente experiencia tener un bebé en la casa. Julio se ve muy cansado, pero es un cansancio que sobrelleva con alegría porque el responsable es una personita que adora.

Tu papá es una buena persona. Después del trabajo cuando vuelve al hogar, ayuda mucho a tu mamá. Hay una comunión muy especial entre ellos, el amor que se tienen los trasciende y yo siento una profunda tranquilidad de espíritu cuando los observo. Tu mamá te dedica mucho tiempo y te cuida con una entrega especial.

Cuando yo crié sola a tu padre, pensaba que nadie podía ver mis dificultades, pero hoy sentí un dulce reconocimiento cuando tu padre me dijo: "Mamá, ahora yo tengo un hijo, y me doy cuenta cuánto luchaste para criarme tú sola." Con esas palabras me hizo entender que él también era consciente de cuánto tuve que trabajar para sobrevivir y lograr que saliéramos adelante juntos.

Te ama,
La abuela Mima

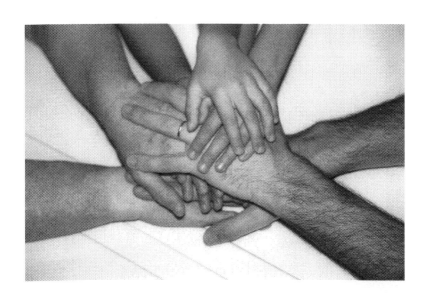

May 8, 2000

Dear Julian,

Today you are two months old and such is the love I feel for you that I struggle to find words for it. It's difficult to define love. I can only tell you that my love for you is the origin of all my happiness. When I walk along the street, I smile at passers-by despite my deteriorating health. I smile because I am happy to share with you moments of serenity and fullness.

When I was young I thought there could only be the romantic kind of love, and I believed that someday I would find one person who would love me and I would feel complete. But life has taught me that when we receive love, it comes with expectations and conditions. And these, if not met, can turn into our worst nightmares.

With you, it's different. This love is pure and unconditional. I will love you no matter what you do or come to be. With you, I have learned to open my heart again. This kind of love knows no limits; it bursts through and brims over everything that would attempt to contain it.

Like I was telling you, I smile at strangers as I walk. My gaze tries to envelop them, to draw them into my rejoicing. How I wish I could infect them with my joy! If we could keep with us the magic of these sublime moments that life gives us, the world would be a kinder place, without room for evil in it.

Among all the gifts you have given me, the greatest is the ability to laugh ... and to play too... yes, Julian, and you know that laughter and play require only that we give in to them to find the greatest pleasure. Through them we can express our inner joy, and thanks to you, my inner joy is at its highest.

Lovingly,
Grandma Mima

8 de mayo, 2000

Querido Julian:

Hoy tienes dos meses de vida y es tanto el amor que siento por ti, que resulta arduo expresarlo. Cuesta mucho definir al amor, puedo sí decirte que el que siento por ti es el origen de mi felicidad. Cuando salgo a la calle miro a la gente y le sonrío, a pesar de que mi salud está quebrantada. Es porque estoy feliz de poder compartir contigo momentos de sosiego y plenitud.

Cuando era joven creía que el amor sólo podía ser romántico y creía también, que algún día encontraría a alguien que me amara y me sentiría completa... pero la vida me enseñó que la mayoría de las veces que uno recibe amor, crea expectativas y condiciones que cuando no se cumplen, se convierten en nuestras pesadillas.

Contigo es distinto porque es un amor puro e incondicional. Te amaré no importa lo que hagas o lo que llegues a ser; contigo he aprendido a abrir mi corazón nuevamente. Este tipo de amor no reconoce límites porque todo lo desborda.

Como te decía, cuando salgo a la calle le sonrío a la gente y mi mirada trata de envolverlos e intenta transmitirles este regocijo, ¡qué bueno sería poder contagiarlos! Si pudiéramos mantener siempre la magia de estos momentos sublimes que nos regala la vida, el mundo sería un lugar mucho más disfrutable y la maldad se quedaría sin espacios.

Entre todos los regalos que me ha traído tu presencia está el de haber recuperado la capacidad de reír... y la de jugar... sí, Julian, y tú sabes que tanto el reír como el jugar son dos acciones que nos provocan placer por el solo hecho de experimentarlas. A través de ellas podemos expresar nuestra alegría interior. Y gracias a ti, mi alegría interior está en los máximos niveles.

Te ama,
La abuela Mima

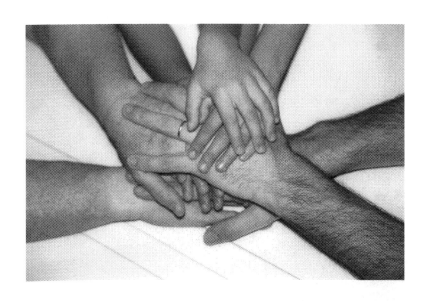

September 2, 2000

Dearest Julian,

I came back from Mexico some days ago, after several months of treatments and trying times. The first thing I did when I arrived was to drop off my bags and run to see you.

Holding you in my arms was the tenderest thing I experienced in these many months... and how much you have grown!

You have an airplane-shaped swing in the front of the house and when your mom puts you in it, you laugh and enjoy it as if you were much older than your six months.

While you swing, the neighbors come to greet you and you seem happy to see so many people. You love all the attention.

You curl up in my arms and I sing you lullabies. They are old, dramatic songs that my mother sang to me and my sisters, but you like them. You look up at me with relish, as if you understood every word.

You are so small and so attached to me! And it's so gratifying to be close to you and touch you.

We never tire of loving you and petting you and taking your picture.

We have photographs of you in the bath and the swing, of each new tooth and each new month, of every time you discover and play with something new.

I develop three copies of each roll of film: one for my mother, one for yours, and the third for me. I also send many pictures to your great-grandmother Josefina and your Grandma Mary.

They don't have the good fortune of seeing you grow up firsthand. At least through these photographs they can watch you grow and share in the blessing of your healthful development.

I love you.
Grandma Mima

2 de setiembre, 2000

Queridísimo Julian:
Hace unos días volví de México, después de varios meses de tratamientos y de momentos difíciles. En cuanto llegué, lo primero que hice fue dejar las valijas y correr a verte. Tomarte en mis brazos fue lo más tierno que experimenté en estos últimos meses... ¡Cuánto has crecido!
Tienes una hamaca con la forma de un avión en el frente de la casa y cuando tu mamá te pone en ella, te ríes y disfrutas como si fueras un niño más grande, y ¡sólo tienes 6 meses!...
Cuando estás en ella los vecinos vienen a saludarte y tú te muestras contento de ver tanta gente. Te encanta que te presten atención.
Te acurrucas en mis brazos y te canto canciones de cuna. Son canciones muy antiguas y dramáticas que mi madre nos cantaba, pero a ti te gustan, me miras con deleite como si entendieras todo lo que te canto.
¡Eres tan pequeño y estás tan apegado a mí!... y es tan gratificante estar cerca de ti y poder acariciarte.
No nos cansamos de amarte, de mimarte y de sacarte fotos. Tenemos fotos bañándote, hamacándote, de cada diente nuevo, de cada mes que cumples, de cada vez que juegas con algo nuevo.
Cada vez que revelo un rollo, hago 3 copias, una para mi madre; otra para la tuya y la tercera para mí. También le envío muchas fotos tuyas a tu bisabuela Josefina y a tu abuelita Mary, ya que ellas no tienen la dicha que tengo yo de verte crecer. Por lo menos a través de las fotos van viendo tu crecimiento y compartiendo el beneplácito de tu saludable evolución.

Te quiero.
Abuela Mima

21

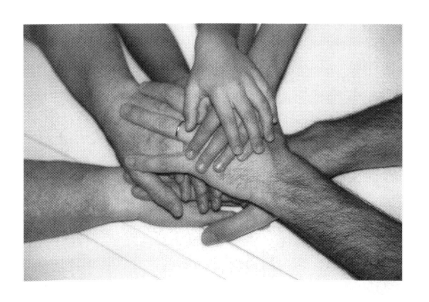

October 3, 2000

Dear Julian,

As I write you, a single wish guides my hand: that my words might paint a smile across your face. I wish too that you will keep these letters with love and care, the same love and care I call upon to write them. Perhaps when you finally read them you will already be grown-up, a man. I want you to know what matters most to me is that you be a man of integrity, healthy in soul and body, and happy. Always follow the dictates of your heart and never let others sway you from your path. Be firm and seek out happiness and true love. Remember that the more you love, the more you will be loved; the more you give, the more you will receive. Life is in great measure reciprocity.

Try to live without fear, but with respect. Sometimes we worry about the work we must do, but if we search ourselves we see that the worry comes from fear—fear of failing, of not doing our work well. That fear, in turn, stems from still other fears. You will find there are many layers of fear and you will know that, in the end, fear is useless. They say there are only two true emotions in the world, love and fear, and that all other feelings derive from them. Life has taught me this is true. Because of this, I ask you not to be afraid.

Sadly, most of us don't realize we should let go of fear until it's too late. By then we are too sick or too old to do what we would and should have done if fear had not stopped us. If one can overcome fear, one has a chance at a full life. I would say that it is impossible to experience love and fear at the same time. We can only feel one or the other, and if we give in to the second, we lose our chance to know the intensity of the first.

Always choose love, and when fear arises learn to overcome it. I know you can.

Grandma Mima

3 de octubre, 2000

Querido Julian:

Mientras escribo para ti, mi mano es guiada por el deseo de que mis palabras puedan tener la capacidad de dibujar sonrisas en tu rostro... ojalá guardes las cartas con mucho cariño, con el mismo cariño que pongo yo al escribirlas. Quizá cuando ellas lleguen a tus manos, seas un hombre. Quiero que sepas que lo más importante para mí, es que seas un hombre íntegro, saludable en cuerpo y alma, y feliz. Siempre sigue los dictados de tu corazón y nunca permitas que los demás tengan una incidencia negativa en tu vida; sé firme y busca la felicidad y el amor verdadero; recuerda que cuanto más ames, más te amarán y cuanto más des, más recibirás, la vida es en gran medida, reciprocidad.

Trata de vivir sin miedo; sólo con respeto a las cosas y a la gente. A veces estamos preocupados por proyectos de trabajo, pero si miramos bien, debajo de ese miedo hay otro miedo, el de no hacerlo bien, y debajo de ese miedo, subyace otro. Verás que hay muchas capas de miedo y percibirás que al final el miedo no sirve. Dicen que en el mundo hay sólo dos sentimientos: el amor y el miedo, y que todos los demás sentimientos son derivados de ellos. La vida me ha enseñado que es cierto. Por eso te pido que no tengas miedo.

Lamentablemente cuando nos damos cuenta que no debemos tener miedo, es demasiado tarde... o hemos enfermado o somos muy mayores para hacer lo que tendríamos que haber hecho si el miedo no nos hubiese inhibido. Si uno logra superarlo, tiene la chance de vivir una vida plena. Yo diría que es imposible experimentar el amor y el miedo al mismo tiempo, es uno u otro, y si le damos la chance al segundo estamos perdiendo la oportunidad de vivir la intensidad del primero.

Elige siempre el amor, y cuando el miedo aparezca aprende a superarlo... tú podrás.

La abuela Mima

December 25, 2000

Dear Julian,

This is your first Christmas! We are so happy to share this holiday with you. It's one of my favorites. You can feel the love everywhere. People are busy and happy buying presents and Christmas trees and decorating their homes. This season brings out the best in all of us, and I wish it could last all year. Love should take center stage every day. Whoever loves with their whole heart gains a strength that draws from all the good energy of this world. We can only find happiness by loving entirely and asking nothing in return.

You are so active and aware. With some help from your mom, you opened your presents and marveled at your new toys in their brilliant colors. This day will claim a special spot in our memories.

I took photographs at each step of the unwrapping, capturing each perfect moment. You will see these pictures in the album I am creating for your first year. Your face was like a poem.

Each time you see me, you hold out your arms for me to carry you. Once I pick you up, you rest your head on my chest and grow calm and content. In that blessed peace, we nurture each other and strengthen the intense bond between us.

I ask God to protect you and surround you always with love.

Lovingly,
Grandma Mima

25 de diciembre, 2000

Querido Julian:

¡Esta es tu primera Navidad! Nosotros estamos muy felices de compartir esta fiesta contigo. Es una de mis favoritas. Tú puedes palpar el amor por todas partes. La gente está muy ocupada y feliz comprando regalos y árboles de Navidad y poniendo la casa más hermosa. Esta época del año acentúa lo mejor de todos nosotros, ojalá pudiera multiplicarse y abarcar todo el año. El amor tiene un especial protagonismo. Quien ama desde el corazón, tiene una fuerza que conecta con la buena energía del mundo, y sólo encontramos la felicidad cuando amamos y no pedimos algo en retorno.

Tú estás activo y muy consciente. Abriste algunos regalos con la ayuda de tu mamá y estabas maravillado de ver tantos juguetes de colores brillantes. Este día será muy especial en nuestra memoria.

Tengo algunas fotos de cuando abriste uno de los regalos, paso a paso, fue un momento perfecto, tú las verás en el álbum que estoy haciendo sobre tu primer año... tu cara era como un poema.

Cada vez que me ves, estiras tus brazos para que te cargue. Cuando te recojo, y pones tu cabeza sobre mi pecho, te quedas contento y tranquilo. Así en paz, nos nutrimos mutuamente y enriquecemos nuestro intenso vínculo.

Yo le pido a Dios que te proteja y te bendiga con un entorno de amor.

Te ama,
La abuela Mima

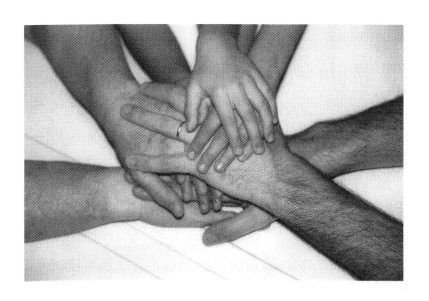

February 20, 2001

Dearest Julian,

You're not yet one year old and we already go out walking together. Because the heat is so intense, I come by early in the morning, and you, though still tiny, wait for me—I know it, I see it, I feel it. As we go out hand in hand you pull me away from your house, and you always resist when I try to turn back. You love to cross the speed bumps in your neighborhood. They're bright yellow and I think this color fascinates you. You manage to climb across it three times, all that your little-boy strength will allow.

On our walks I talk to you and we stop to watch the birds. They sing and you love to listen to their warble; you also like listening to the barking dogs. Everything is a mystery to you. You walk as if only the birds, the dogs and the speed bumps exist, but if I stop talking you look up at me as if to say, "What gives?" Even though you're busy discovering all the wonders of the world, you still listen to what I have to say.

There are little ducks in the lake and you try to catch them. They let you get close but run away just before you can reach them. This is strange to you, and you turn to me as if expecting an explanation.

The mornings are beautiful and we walk until you're tuckered out, and then you grab my legs and want me to carry you. So I do. The walk back takes us longer, because I grow tired carrying you and we have to sit on the benches to rest. Often I think your mother worries when we go out; perhaps she's afraid to leave us alone when she knows my health is failing and I'm feeling weaker, but she lets us walk anyway and I thank her for that. I use every last drop of my strength on our walks, but I don't care. It's so lovely to hold your hand in mine or take you in my arms.

I love you.
Granny Mima

20 de febrero, 2001

Queridísimo Julian:

No tienes un año todavía y ya salimos a caminar juntos, como el calor es muy intenso voy por la mañana temprano; parece mentira tan pequeño y ya me esperas. Lo sé, lo veo, lo siento, salimos de la mano y siempre quieres caminar alejándote de la casa, cuando yo quiero volver tú tiras mi mano en sentido contrario. Te encanta cruzar los lomos de burro que hay donde tu vives, están pintados de amarillo fuerte, parece que ese color te fascina y alcanzas a cruzarlos tres veces, todo lo que te permite tu fuerza pequeñita.

En nuestras caminatas te voy hablando y nos paramos a ver a los pájaros, ellos cantan y a ti te gusta escuchar su trino, también disfrutas escuchando el ladrido de los perros. Todo es un misterio para ti, tu caminas como si todo lo que existiera fueran los pajaritos, los perros y los lomos de burro, pero cuando dejo de hablarte te detienes y me miras como diciendo ¿qué te pasa? A pesar que estás entretenido descubriendo las maravillas que ves a tu paso me vas prestando atención.

En el lago hay patitos y tratas de correrlos, ellos dejan que te acerques un poco, pero cuando tú crees que los puedes acariciar se van muy rápido; eso te extraña mucho, me miras como queriendo una explicación.

Las mañanas son bellas y nosotros caminamos hasta que ya no tienes más fuerza, entonces te agarras de mis piernas y quieres que te levante, así lo hago. Nos toma más tiempo volver, porque al cargarte en brazos yo me canso mucho y nos sentamos en los bancos varias veces hasta llegar. A veces creo que tu mamá se preocupa un poco de vernos salir a los dos, quizá tenga miedo de dejarnos solos ya que ella ve que me siento débil, pero igual te deja y yo se lo agradezco. Uso hasta mi última gota de fuerza en esas caminatas pero ¡son tan bellas contigo de mi mano o en mis brazos!

Te amo,
La abuelita Mima

33

April 2001

Dearest Julian,

Today is Easter and I prepared an egg hunt for you in the backyard. You toddled along, noticing only the ducks in the lake and none of the colorful eggs that lay everywhere. Your father showed you one and then another until you understood, and then you gathered each remaining egg and laid it gently in your basket. The basket filled right up and you looked so happy.

Later we sat on the patio and you ate chocolate and got it all over— you didn't have enough hands for all those sweet treats. I want us to have these kinds of traditions on Christmas and Easter, if your parents will allow it.

Traditions are good for a family. They make the memories we carry in our hearts all our lives. When a member of the family leaves us, those memories are how they live on. We can think with love of all the moments we shared with our lost loved one.

It's so wonderful to have you near and to see you enjoy yourself! And so wonderful too to have you and your parents in my home, to love you all so much and share with you some of the good things in this life! I thank God every day that I can be among you and see you all so happy.

I love you.
Grandma Mima

Abril 2001

Queridísimo Julian:

Hoy es Pascuas y te preparé en el patio de atrás, una "cacería del huevo". Caminabas y mirabas los patitos en el lago, sin darte cuenta que los huevitos de colores estaban por todas partes. Tu papá te mostró uno y luego otro, hasta que te diste cuenta, entonces los tomabas delicadamente y los ponías dentro de tu canasta. Hasta que no pudiste más porque tu canasta estaba llena; te veías muy alegre.

Más tarde nos sentamos en el patio de la casa y tú comías chocolate y te ensuciabas todo, no te alcanzaban las manos para tantos dulces. Quiero hacer tradiciones contigo y trataré de hacerlas para las Navidades y para Pascuas; si tus padres me lo permiten.

Las tradiciones son muy buenas para toda la familia, son recuerdos que uno llevará en el corazón mientras viva, y cuando alguien de la familia ya no esté entre nosotros, recordaremos con amor los momentos compartidos con ese ser amado.

¡Es tan lindo tenerte cerca y verte disfrutar! ¡Es tanto el amor que siento por todos ustedes! ¡Es tan hermoso tenerlos en casa y compartir algunas de las cosas buenas de la vida! Doy gracias a Dios todos los días por poder estar aquí entre ustedes y verlos felices.

Los amo,
La abuela Mima

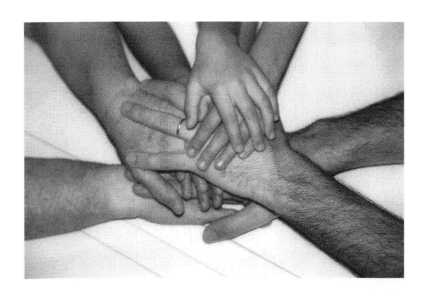

September 14, 2002

Dear Enzo,

Having known the joy of writing these loving letters to your big brother, I must extend that chain of love and write to you as well.

It's a tradition I want to keep, but more importantly it's a way for you to know the depth of my love and the special place you hold in my heart.

These letters are my gift to you, and I will fill them with the love and gratitude I feel for your presence in my life.

Granny Mima

14 de setiembre, 2002

Querido Enzo:
Después de haber experimentado la alegría de escribirle cartas a tu pequeño hermano, para expresarle mi amor, yo entendí que esta cadena de amor tenía que continuar contigo.

Para mantener la costumbre entonces pero más que nada para que sepas la profundidad de mi amor por ti y el lugar especial que tienes en mi corazón.

Estas cartas son mi regalo para ti, las llenaré con el amor y la gratitud que siento por tu presencia en mi vida.

La abuelita Mima

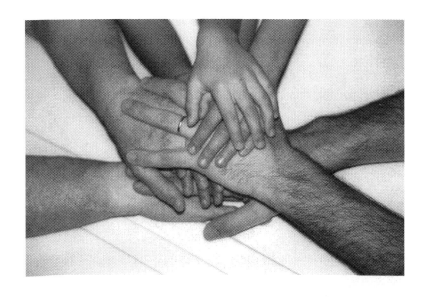

September 14, 2002

Dearest Enzo,

You were born today at 4:30 in the afternoon. A crystal-clear and sunny day gave you its welcome. In the house you'll soon know, your Grandma Mary, your brother Julian and I waited anxiously for news.

After your birth, your father brought us to the hospital to see you. We fell in love with you instantly. I didn't get to see your birth firsthand, as I did Julian's, but the love I feel is the same. We're all so proud of you. Your hair is so black and your eyes so big and bright!

Julian felt happy to have a brother and wanted to hold you in his little arms just like all the grown-ups did, but he was nervous and emotional as well, and perhaps a bit confused—these are feelings too big for such a little boy.

After a while he and I headed home, while Grandma Mary stayed with you and your mom. She came all the way from Argentina to shower your parents with affection and help them with the task of adding one more to the sum of this family. Your grandmother Mary is a very sweet spirit.

Your birth is a new blessing for this family. We all have a million cuddles and caresses in store for you, so brace yourself—you'll be the object of our love, from now until forever.

I'm eager for you to come home. I know that we will love each other and that our relationship will deepen with each passing minute.

I love you so much. Your arrival has brought a new light into my life.

Grandma Mima

14 de setiembre, 2002

Queridísimo Enzo:

Naciste hoy a las cuatro y media de la tarde. Un día diáfano y soleado te dio la bienvenida. En tu casa esperábamos ansiosos, tu abuelita Mary, tu hermanito Julian y yo.

Luego de que nacieras, tu papá nos llevó a los tres a verte; nos enamoramos de ti de inmediato; a diferencia de lo que pasó con Julian, a ti no tuve la dicha de verte nacer pero por supuesto que el amor es el mismo. Todos estamos orgullosos de ti, ¡tienes el pelo tan negro y los ojos grandes y vivarachos!

Julian se sentía feliz de tener un hermano y quería tomarte en sus brazos como lo hacíamos todos, se veía nervioso y emocionado y también un poco confundido... son muchas emociones para un nene tan pequeño.

Después de un rato nos volvimos a la casa, mientras la abuelita Mary se quedaba contigo y con tu mamá; ella vino desde Argentina para colmarlos de afecto y ayudarlos en la nueva tarea de sumar un integrante más a la familia. Tu abuela Mary es un ser muy dulce.

Tu nacimiento es una nueva bendición para la familia; todos tenemos millones de caricias y mimos para hacerte, así que prepárate, vas a ser el blanco de nuestro amor, desde hoy y para siempre.

Estoy ansiosa porque vengas a casa... sé que nos vamos a querer mucho y nuestra relación se enriquecerá cada minuto.

Te amo mucho y tu llegada ha iluminado mi vida.

La abuela Mima

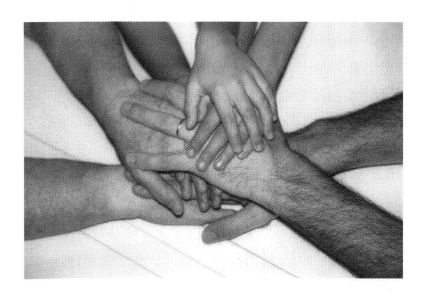

February 18, 2003

Dear grandsons,

I'd like to share with you what I know of my own grandparents. Unfortunately, I didn't have much time with them, as I lost them while still a small child.

The one I knew best was Grandma Catalina, who, despite her strict ways, was always tender and warm with me. She was born in Uruguay, the daughter of Italian parents and, as I've mentioned, a hard woman who liked things her way. I remember—as clearly as if I saw them yesterday—her brass bed with its always-impeccable linen bedspread and its embroidered and starched pillowcases, all of which I admired.

Your great-grandmother Inés, Catalina's daughter, lavished time and love on her brothers and always obeyed her mother's orders. Everyone obeyed Catalina's orders, and of course I did too, but sometimes I would sit with her and we would chat about school or my interests, and when we did I always felt her affection for me. With me, she was different, perhaps because I was her youngest granddaughter, or perhaps because the years had changed her. Maybe she had come to see how quickly time passes, and how important it is to enjoy each other and the moments we share.

Of my grandfather Juan, who was born in Italy but in time became a Uruguayan citizen, I have no memories. He died while my mother was pregnant with me, but I've always felt somehow that he loved me even before my birth. What I've heard is that he was kind and loved his children very much.

I vaguely remember Grandfather José, my father's father. He lived in a small house with his second wife, who wasn't too friendly with our family.

I liked to pick flowers from a large tree that grew in their front yard to make bouquets for my mother; he would watch me gather the blooms and smile peacefully.

My Grandmother Francisca lived near our house. Yet despite all my visits to her home with my father, I don't recall talking with her very much. She had plush toy cats in her bedroom and I loved them, and sometimes when she and my dad were distracted I would pick one up and hold it close, but only for brief instants before putting it back.

The few moments I had with my grandparents were important, and I remember and love them still. Grandparents mark our lives indelibly.

These are your great-great-grandparents now, and I share these memories with you in hopes that you can know them too.

Grandma Mima

18 de febrero, 2003

Queridos nietos:

Quisiera compartir con ustedes algunos datos sobre mis abuelos, lamentablemente no pude estar mucho tiempo con ellos porque los perdí siendo aún pequeña.

Con la que tuve más contacto fue con la abuela Catalina, quien a pesar de ser una señora muy estricta, conmigo era cariñosa. Ella nació en Uruguay, hija de padres italianos y como les decía era muy dura y había que decir lo que ella dijera u ordenara. Recuerdo como si fuera ayer, su cama de metal dorado con su ropa de cama de lino siempre impecable, con sábanas bordadas y almidonadas, lo que provocaba mi admiración.

La bisabuela de ustedes, Inés, siempre visitó y amó mucho a sus hermanos, y siempre acató las órdenes de su madre, Catalina.

Todos la obedecían y por supuesto yo también, pero a veces me sentaba junto a ella y charlábamos de la escuela y de las cosas que me interesaban, cuando lo hacíamos siempre sentía su cariño y también me daba cuenta que conmigo era distinta, quizá porque era su nieta más pequeña o tal vez los años hicieron cambiar su postura, tal vez se haya dado cuenta que el tiempo transcurría de prisa y debía aprovechar los momentos que podíamos compartir.

De mi abuelo Juan, que nació en Italia pero que con el tiempo se hizo ciudadano uruguayo, no tengo recuerdos ya que él murió cuando mamá estaba embarazada de mí, pero siempre he sentido que me amaba antes de nacer. Lo que he oído de él es que era una persona muy dulce y amaba mucho a sus hijos.

Recuerdo vagamente al abuelo José, el padre de papá, que vivía en una casa pequeña con su segunda esposa, la que no era muy amigable con nadie de nuestra familia.

A mí me gustaba recoger flores de un árbol grande que tenían en el frente de la casa para llevárselas a mi madre; él me miraba arrancarlas y sonreía plácidamente.

La abuela Francisca vivía cerca de casa, pero a pesar que íbamos a verla con papá no tengo recuerdos de charlas con ella. Tenía gatos de peluche en su dormitorio cosa que a mí me encantaba, y a veces cuando estaban distraídos con papá yo agarraba alguno, pero sólo por breves instantes.

Los pocos momentos que tuve con ellos fueron muy importantes en mi vida, los recuerdo y los amo, los abuelos suelen dejar huellas imborrables en nuestras vidas.

Ellos son los tatarabuelos de ustedes y es cuanto puedo contarles para que de algún modo puedan saber cómo fueron…

La abuela Mima

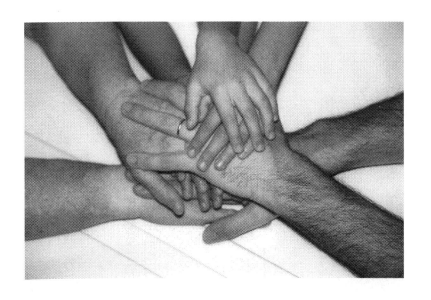

December 2, 2003

Dear Julian and Enzo,

I'll tell you a bit about your great-grandmother Inés. She was born in Montevideo, Uruguay in 1924 and passed away on May 29, 2002. She was one of seven siblings, all children of Juan Mazza and Catalina Rotta de Mazza. From the oldest to the youngest they were Luis Pantaleón, Rosa, Mario, Elvira, Josefina, Inés and Elena.

Great-Grandma Inés toiled in the fields, sowing vegetables, and when she married my father, your great-grandfather Julio, she worked hard in his shop and also raised us. Her life wasn't easy. When I was five years old, she divorced and had to fight alone to survive with her three daughters.

There was a time, I remember, when my Grandma Catalina came to live with us and things were hard for my sisters. Later she went to live with my aunt Josefina, some three blocks away. My mother always visited her, always answered her with a "Yes, Mother," no matter what my grandmother said.

My mother always told me that the best years of her life were her last thirty. She no longer had to work then, and could enjoy her grandchildren and great-grandchildren and travel.

She came to see you, Julian, and planned to come back when you were born, Enzo, but a heart attack ended her life a few months before your birth. I miss her very much and know I will miss her all my life. When a person loses a parent, the loss is so great and so deep that nothing can ease or erase it. No matter the kind of relationship you had with them, you carry them always in your heart and in your thoughts.

Grandma Mima

2 de diciembre, 2003

Queridos Julian y Enzo:

Les contaré algunas cosas de la bisabuela Inés. Ella nació en Montevideo, Uruguay en el año 1924 y murió el 29 de mayo de 2002. Eran en total siete hermanos, todos hijos de Juan Mazza y Catalina Rotta de Mazza. De mayor a menor, Luis Pantaleón; Rosa; Mario; Elvira; Josefina; Inés y la menor Elena.

La bisabuela Inés tuvo que trabajar mucho en quintas, sembrando hortalizas, y cuando se casó con mi padre, el bisabuelo Julio, trabajó arduamente en el negocio de él, además de criarnos a nosotras. Su vida no fue fácil. Cuando yo tenía cinco años se divorció y debió luchar mucho para poder sobrevivir con sus tres hijas.

En algún tiempo recuerdo que mi abuela Catalina vivió en nuestra casa y las cosas fueron muy difíciles para mis hermanas; luego se fue a vivir con mi tía Josefina, a unas tres cuadras. Mi madre siempre la visitaba y siempre le decía a todo "sí, mamá."

Mi mamá siempre me dijo que los mejores años de su vida habían sido los últimos treinta, en los que ya no trabajaba y podía disfrutar de sus nietos y bisnietos, así como de poder viajar.

A ti vino a conocerte Julian, pero a pesar de que tenía planes de volver cuando nacieras tú, Enzo, no pudo porque murió de un ataque al corazón, unos meses antes de tu nacimiento. La extraño mucho y sé que la extrañaré toda mi vida; cuando una persona pierde a los padres, es una pérdida tan grande y profunda que nada ni nadie puede hacer que los olvides, y no importa la relación que tengas con ellos, siempre los llevarás en el corazón y en tu pensamiento.

La abuela Mima

55

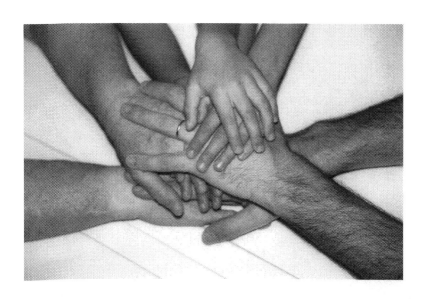

January 26, 2005

Dearest Julian,

Today I spent a while thinking about you and our time together. Some days you are busy playing and I just sit and watch you. It's such an immense pleasure to see you enjoying yourself with your toys. In the times we have together, I try to make the most of every moment.

Sometimes we sit together and watch movies (one about dinosaurs is your favorite) and you lay your head on my chest. At that precise moment, I feel the purest love. As the movie plays, you glance at me from time to time to make sure I'm paying as much attention as you are.

I would like to see you every day. You are the fuel I need to go on. When you are with me, you bring me innocence and caring beyond measure.

The image of you as you arrived in this world is with me always, and I thank God for the honor of having been there and for the chance to share some of life's joys with you.

Lately we spend less time together, but our love does not change.

Love is like a plant. It needs care and feeding to grow. I'm certain that we two will know how best to tend it and that its strength will always be our pride.

Your Grandma Mima

26 de enero, 2005

Queridísimo Julian:

Hoy pasé algún tiempo pensando en ti y en el tiempo que compartimos. Algunos días tú estás muy ocupado jugando y esos días me siento y te observo. Es un placer inmenso verte disfrutar con tus juguetes. En el tiempo que pasamos juntos, yo aprovecho cada momento.

Algunas veces nos sentamos juntos y miramos películas (una sobre dinosaurios es tu favorita) y tú pones tu cabeza sobre mi pecho. En ese mismo momento yo experimento el más puro amor. Mientras la película está en la pantalla, tú me echas un vistazo, de tanto en tanto, para estar seguro de que estoy prestando tanta atención como tú.

Me gustaría verte todos los días, como ya te lo he dicho tú eres el combustible que necesito para seguir adelante. Cuando estás junto a mí, la inocencia y el cariño que me brindas resultan inmensurables.

La imagen del momento en que llegaste al mundo está siempre conmigo, y le agradezco a Dios por haber tenido el honor de haber estado allí y también le agradezco el poder compartir contigo algunas de las alegrías de esta vida.

Últimamente, estamos pasando menos tiempo juntos, pero el amor nunca cambia.

El amor es como una planta que tienes que regar para contribuir a su crecimiento, tengo la certeza que los dos sabremos cuidar de él de la mejor manera y su fortaleza será siempre motivo de nuestro orgullo.

Tu abuela Mima

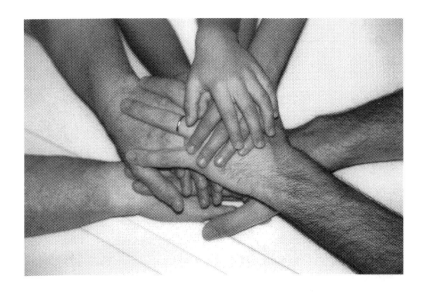

October 15, 2005

Dear Julian,

Two days ago I went to see you and you were playing with toy cars. As soon as you caught sight of me, you wanted to play with me and you told me you were a shark and you were going to eat me, and you gnashed your teeth and pretended to bite me—we laughed a lot that day. As I've told you, when I'm with you I am happy and full of laughter. Many times when I come over you're playing with friends, yet you come running to greet me and you tell them with pride, "This is my grandmother," and your friends hurry over to give me kisses. When you are with them, I simply watch you all and, for me, those are special moments of rejoicing.

There are times when I look at you and see your father at your age. You are so lovely and loving, so strong and yet sensitive. I love you so much that it hurts, yes, hurts … you might think that strange now, but the day you have grandchildren of your own you will remember these words of mine. Some nights I wake up frightened thinking that something bad might happen to you, and all I can do then is pray for your protection. I know your parents are careful, but in my dreams the thought that you might be hurt or I might lose you overtakes me. I know these are just grandparents' worries, inevitable thoughts, fears that beset us every so often and disquiet us.

Your birth is the most moving experience I have had, along with your father's birth and your brother's.

Life has ups and downs and when you were born I felt I stood on the highest summit. The image of your birth will never leave me; it will stay with me each moment to stroke and soothe my soul.

Wishing you every happiness,

Your Granny Mima

15 de octubre, 2005

Querido Julian:

Hace dos días fui a verte y estabas jugando con unos autitos pequeños, cuando me viste llegar querías jugar conmigo y me decías que eras un tiburón y que me ibas a comer, hacías sonar los dientes y simulabas morderme... nos reímos mucho, como ya te he dicho, cuando estoy contigo me siento muy feliz y con ganas de reír. Muchas veces cuando llego a tu casa y estás con amigos, vienes corriendo a saludarme y dices con orgullo, "esta es mi abuela" y todos corren a darme un beso. Cuando estás con ellos, me siento a observarlos y para mí son momentos especiales que me llenan de regocijo.

En oportunidades te miro y veo a tu padre cuando tenía tu edad, eres tan hermoso y cariñoso y al mismo tiempo tan fuerte y sensible. Te amo tanto que duele, sí, duele... pensarás que es raro pero el día que tengas nietos recordarás estas palabras mías. Muchas veces me despierto sobresaltada pensando que algo malo te puede pasar, y lo único que puedo hacer es rezar para que estés protegido. Sé que tus padres te cuidan mucho, pero en mis sueños muchas veces me sobrecoge la idea que te lastimes o que te pueda perder... sé que son cosas de abuelos, pensamientos inevitables, temores que vienen a nosotros cada tanto y nos inquietan.

Tu nacimiento fue lo más conmovedor que me pasó luego del de tu padre y junto con el de tu hermano.

La vida tiene altibajos y cuando tú naciste sentí que estaba en la cumbre más alta; la imagen de tu llegada no se borrará jamás y estará conmigo cada momento para acariciarme el alma.

Deseo para ti toda la felicidad,

Tu abuelita Mima

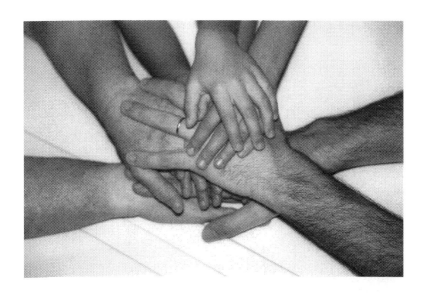

January 9, 2006

Dear Julian,

    You are almost five years old and it seems like only yesterday you were a baby small enough to hold with just one arm. I'm so grateful to have walked alongside you all these years and to have shared with you some of the good things this life offers us. We were together on every birthday, every Christmas, every Easter, and savored every moment to its fullest.

    When you were four, I put a little money in an Easter egg, and when you found those coins you said, "Grandma, you are the most generous person!" These are the moments that make me smile. I see how much you appreciate every little thing I do for you, and I wish I could do so much more.

    It's gratifying to visit you, to watch you play and grow both physically and emotionally. You are so like your father when he was five—the same questions, the same strength of will.

    You and your brother fight sometimes and I tell you that brothers should love each other and not fight. You look at me like I'm speaking Chinese, but I know that one day both you and Enzo will remember my words and agree with me. I know that you will find the best friend of your life in Enzo.

    Lots of love,

Your Grandma Mima

9 de enero, 2006

Querido Julian:
  Tienes casi cinco años y parece ayer que eras un bebé y yo te sostenía con un solo brazo. Estoy tan agradecida de haber caminado a tu lado todos estos años y haber podido compartir algunas de las cosas buenas que tiene la vida para ofrecer. Nosotros estuvimos juntos todos tus cumpleaños, todas las Navidades, todas las Pascuas, y tú disfrutaste cada momento al máximo.

  Cuando tenías cuatro años, yo puse algo de dinero dentro de un huevo de Pascuas y cuando viste las monedas, me dijiste: "Abuela, tú eres la más la persona más generosa."

  Estas son cosas que me hacen sonreír y me hacen dar cuenta como aprecias cada pequeña cosa que hago por ti y desearía poder hacer mucho más.

  Es gratificante que pueda ir a visitarte y observarte jugar y crecer, no sólo física sino emocionalmente; eres como tu padre cuando tenía cinco años, las mismas preguntas y la misma fuerza de voluntad.

  Tú y tu hermano pelean a veces, y yo te digo que los hermanos tienen que amarse y no pelear, tú me miras como si hablara en chino pero sé que un día tanto tú como Enzo recordarán las palabras que les digo y coincidirán conmigo. Yo sé que en él tendrás al mejor amigo de tu vida.

  Mucho amor,

Tu abuela Mima

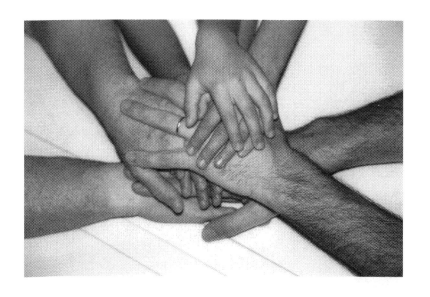

January 25, 2006

Dearest Julian and Enzo,

Today I went to see you. It had been many days, because I couldn't drive for a time. When I arrived you welcomed me with huge smiles that showed me such happiness.

Oh, so many hugs! Oh, how I've missed this tenderness!

I asked you if you'd had a good day and you said you'd had a super day. We sat in the living room and I said that since you'd had a super day, I had gifts for you. We ran to the car and unloaded the two trains I'd brought you. You, Julian, immediately set off to find other trains to latch onto the new one. You, Enzo, rolled your train along the walls and over furniture. We played all over the house until you invited me to your playroom.

I said I couldn't go because my foot was swollen and when you heard that, Julian, you fetched me a pillow right away so I could rest it there. You told me you'd seen on television that if a person's foot is injured they should elevate it, and you brought a pillow for resting my head as well . . . oh, sweetheart!

I asked you, Julian, to read to me and off you went to find two books to entertain me—one wasn't enough. The expressions on your face and the nuances of your voice made the story more interesting. While your brother read, Enzo, you made noise to recapture my attention, and then you gave me an invitation to your school's Grandparents' Day party. Of course I'll be there!

I feel proud to be your grandmother, and I know the feeling is mutual.

Julian, I'd like to record a CD of your reading to share with the family. Your teacher told your mom that you read like a fifth-grader, that she'd had students who read at the second-grade level but never at the fifth-grade level. And you're only in first grade, my boy! I'll save one of the CDs for you, so that when you're older and have children of your own, you can listen to it together.

Love you,
Grandma Mima

25 de enero, 2006

Queridísimos Julian y Enzo:
Hoy fui a verlos, hacía muchos días que no los veía ya que no he podido manejar. Cuando llegué, me recibieron con sonrisas enormes que evidenciaban felicidad.
¡Cuántos abrazos!... ¡Cuánto extrañaba esa ternura!
Les pregunté si habían tenido un buen día y me respondieron que tuvieron un súper día, nos sentamos en el living y les dije que como habían tenido un súper día, yo había llevado regalos. Fuimos corriendo al auto y bajamos los dos trenes que les llevé. Inmediatamente, tú Julian fuiste a buscar más trenes para engancharlos a los nuevos y Enzo tú comenzaste a pasarlos por todas las paredes y muebles. Jugamos por toda la casa hasta que me invitaste a ir al cuarto de juguetes.
Te dije que no podía ya que tenía un pie inflamado y cuando tú Julian escuchaste eso, viniste de inmediato con una almohada para que lo descansara, me dijiste que viste en la televisión que si la gente tiene problema con un pie había que ponerlo en alto y también me trajiste algo para debajo de mi cabeza así descansaba mejor... ¡mi corazón!
Ustedes junto con Julio, son lo más grande y hermoso que me ha pasado en la vida.
Te pedí Julian que me leyeras y en seguida fuiste a buscar dos libros, así me entretenías... uno no era suficiente. Las expresiones de tu cara y los matices de tu voz hacen que el libro sea más interesante. Mientras tu hermano leía, Enzo, tú hacías ruidos para llamar la atención, y luego me diste una invitación que envió la escuela para el Día de los Abuelos, estaba invitada a la fiestita... ¡por supuesto que estaré allí!
Siento orgullo de ser la abuelita de ustedes... y yo sé que el sentimiento es recíproco.
Estoy intentando grabarte mientras lees, Julian, y luego le haré un CD para la familia. Tu maestra le dijo a tu mamá que leías como un niño de quinto año, que ella había tenido niños que leían como lo hacen los de segundo, pero nunca como leen los de quinto. ¡Y sólo estás en primer año, niño mío! Te guardaré un CD para que cuando seas un hombre lo puedas escuchar junto a tus hijos.

Los amo,
Abuela Mima

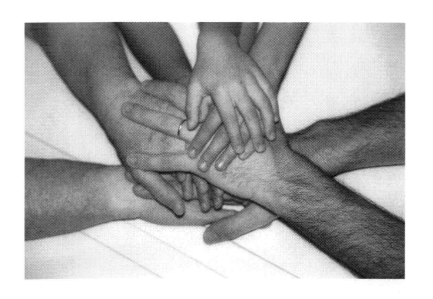

February 14, 2006

Dear Julian,

We're in the month of Love. Today is Valentine's Day. But every day feels like Valentine's Day when I'm close to you. I feel more human, more sensitive; your love broadens my spirit and helps me to go on in the face of any obstacle. Your love strengthens me.

When I visited you, I found you'd written me a card. It said: "I love you more." Simply adorable. We all went to your soccer practice and you played with such freedom: you came and went and rolled along that field as lightly as a feather.

After practice, we went back home and I asked if I could sit beside you (even though I always do!) and you told me, "My mother is beautiful and so are you, so I don't know who should sit with me!" You also told me that you have to love your mom more, and I said it's normal to love your mother most, as she's the one who carried you in her womb.

Our love is different because you are my grandson. I tried to explain to you that there are different types of love. You relaxed after that, though I don't think you understood much about all of love's forms.

At dinner, we ate over placemats with maps of the world on them. You showed me Uruguay and Argentina and where your grandfather lives in New Jersey and where we live, in Florida. You love to learn and to read. Every time I see you, you read me a story. You never feel tired.

I told you that I got the scar on my hand when a monkey bit me, and you wanted every detail—when and how had a monkey bitten me?—and you doubted and then you thought I was joking and Enzo said that monkeys don't bite and only deepened your confusion ... but finally you believed me.

I told you another story, this time about riding with my father in a horse-drawn carriage when I was little, and you were surprised and said you'd only seen that in movies. And how could it not surprise you, really, when these are things that happened nearly 60 years ago? You like to hear stories from my childhood, and from when you were younger too—you ask me to tell them and I cheerfully grant your requests.

Love you,
Grandma Mima

14 de febrero, 2006

Querido Julian:

Estamos en el mes del Amor. Hoy es el día de San Valentín. Sentirme cerca de ti cada día es el día de San Valentín para mí. Me siento la más humana y sensible, tu amor hace crecer mi espíritu y me ayuda a seguir adelante cuando encuentro obstáculos. Tu amor me fortalece.

Cuando fui a verte, tú habías escrito una postal. Decía: "Yo te amo más," simplemente entrañable. Todos fuimos a la práctica de futbol, jugaste con mucha libertad ibas y venias y rodabas en el campo con la liviandad de una pluma.

Después de la práctica, regresamos a la casa y te pregunté si me podía sentar cerca de ti (¡incluso cuando siempre lo hago!) y me dijiste: "Mi madre es hermosa y tú también, por eso no sé quién puede sentarse a mi lado." Tú también me dijiste que tienes que amar más a tu mamá, y yo te dije que es normal que ames más a tu mamá, ella es la primera que te lleva en su seno.

Nuestro amor es diferente, tú eres mi nieto. Traté de explicarte que todos los amores son diferentes. Entonces te distendiste aunque creo que no captaste demasiado las diferentes formas de amor.

Luego nos sentamos a cenar y había manteles individuales con el mapa del mundo. Tú me mostraste Uruguay y Argentina y donde vive tu abuelo en New Jersey y dónde estamos nosotros ahora, en Florida. Te gusta aprender y te gusta leer. Cada vez que voy a verte, me lees algo. Nunca te sientes cansado.

Te conté que la marca que tengo en la mano derecha era por la mordida de un mono, estabas muy interesado en saber todos los detalles de cómo y cuándo me había mordido, dudabas, pensabas que era broma y Enzo decía que los monos no muerden lo que aumentaba tu confusión... pero al final me creíste.

Otro cuento que te hice fue el de cuando yo era chica y mi papá me llevaba en carros tirados por caballos, te sorprendiste y me dijiste que eso lo habías visto sólo en películas... ¡cómo no vas a asombrarte si son hechos que ocurrieron hace cerca de 60 años! Te gustan mucho las anécdotas de cuando yo era chica, y también las de cuando tú eras más pequeño, me pides que te las cuente y yo accedo gustosa.

Te amo,
Abuela Mima

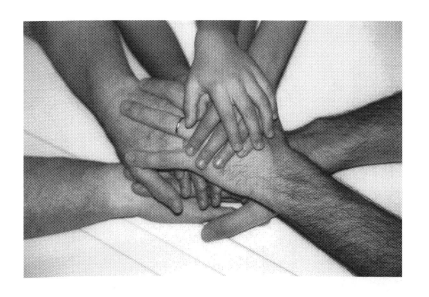

February 17, 2006

Dear Julian,

Today I attended the Grandparents' Day party at your school. Dressed up in your uniform, you looked handsome and happy to see me.

The school took our picture and then you led me to one of the classrooms to meet your computer teacher. You said to him proudly, "This is my grandmother." You stayed in his class for a while, until another teacher brought you back to the main room where your classmates sang and celebrated the day.

You sat in my lap and leaned against me. It was delicious to share with you that day, which your school so generously dedicated to grandparents.

Filled with a restless happiness, you couldn't decide whether to sit in my lap or in your chair; you spent the whole time flitting from one to the other, always with my hand firmly in yours. When the children finished singing, we got up to leave and along the way ran into your teacher. With pride, you told her too that I was your grandmother, and she took a picture of us and promised to send it home with you later that same day.

For me, this was truly a super day. I got to spend it at your side, seeing the place where you go to school and meeting some of your friends and teachers.

Next year, Enzo will join in this celebration, as he'll be starting school this September. It's a joy that he too will enjoy a place as pretty and full of love as your little school.

I love you so much.

Grandma Mima

17 de febrero, 2006

Querido Julian:

Hoy fue la fiesta de los abuelos en la escuela a la cual asistes. Vestido con tu uniforme, lucías hermoso y te mostraste feliz de verme.

Nos tomaron fotos y después me guiaste hasta uno de los salones a conocer a tu profesor de computación, orgulloso le dijiste, "esta es mi abuela." Permaneciste en su clase por un ratito, hasta que una de las maestras te llevo nuevamente al salón grande donde los niños cantaban y festejaban el día.

Te sentabas en mi falda y te recostabas en mi cuerpo. Fue una delicia compartir contigo ese día que tan generosamente tu escuela dedicó a los abuelos.

Sentías una inquieta felicidad que te hacía dudar entre sentarte en mi falda y hacerlo en tu silla, pasaste casi todo el tiempo cambiándote de un lugar a otro pero siempre tomándome de la mano. Cuando los niños terminaron de cantar salimos, y en el camino nos encontramos a tu maestra, a ella también le dijiste orgulloso que soy tu abuela y ella nos sacó una foto juntos y dijo que la mandaría contigo a tu casa ese mismo día.

Para mí sí este fue un súper día, ya que estuve a tu lado y pude ver donde te educas y conocer a algunos de tus amigos y de tus maestros.

El próximo año, Enzo se sumará a esta celebración ya que el comenzará su año escolar en setiembre. Es una alegría que pronto, él también pueda disfrutar de un lugar tan lindo y tan lleno de amor como lo es tu escuelita.

Te quiero mucho.

La abuela Mima

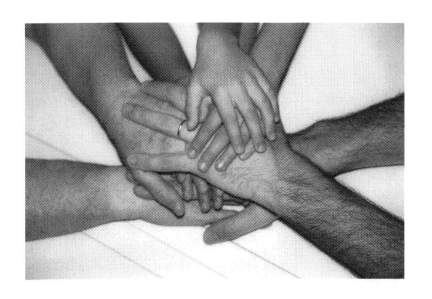

March 2, 2006

Dearest Julian,

Though I saw you and fussed over you as usual, my visit today had an ulterior motive. I wanted to tape you reading, so there'll be some record of how very well you do it.

Patiently you read me a book about a mouse, your soft, melodious voice drowned out by the dog's bark and by Enzo, who was mad and screamed from the kitchen table. Our recording attempt was short-lived, but we will try again on a quieter day.

When we finished, I prepared to go and you said, with immense love in your eyes, "Grandma, don't go. Stay with me a while longer, even if it's just a little while." Those eyes that brim with love fill my soul with happiness. That magnetic force we feel when we love someone with all our senses makes this life worth fighting for.

I granted your wish and stayed a while longer and then left contentedly, happy to have been with you and happy you wanted me to stay that little while, my big beautiful boy.

Let's see if we can finish that CD next time. I know you'll appreciate it and so will the rest of the family.

Love you,
Grandma Mima

2 de marzo, 2006

Queridísimo Julian:

Hoy fui a visitarlos, además de verlos y mimarlos como siempre, mi objetivo era grabarte leyendo, para que quede registrado lo bien que lo haces.

Pacientemente me leíste un libro sobre un ratón, tu voz suave y melodiosa era acallada por los ladridos del perrito; Enzo estaba enojado y gritaba sentado en la mesa de la cocina. La grabación fue breve pero ya lo intentaremos otra vez con más silencio.

Cuando terminamos de grabar me despedí para irme y me dijiste, con un amor inmenso en tus ojitos: "abuelita no te vayas, quedate un ratito más conmigo aunque sea un ratito chiquito"... Esos ojos llenos de amor me llenan el alma de felicidad, y esa fuerza magnética que sentimos cuando queremos a alguien con todos nuestros sentidos, hace que valga la pena luchar por la vida.

Accedí a tu pedido, me quedé un rato más y luego me fui feliz de poder haber estado con ustedes y de ver que quieres que te acompañe un rato más, mi niño "grandotote" y hermoso.

Veremos si la próxima vez podemos terminar el CD, sé que lo vas a apreciar como lo apreciará toda la familia.

Te amo,
La abuela Mima

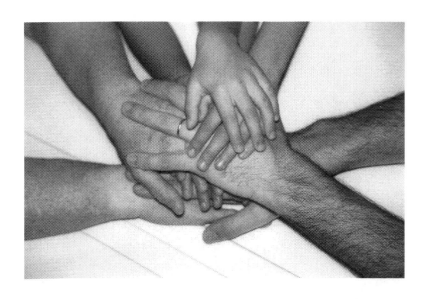

March 8, 2006

Dearest Julian,

Today you turned six and I spent the afternoon with you. I gave you the red car you wanted and a robot. When you saw it, you said, "Grandma, this is what I've wanted all my life." Sometimes you express yourself like an adult.

I took pictures as you played on the patio with Enzo. Your parents gave you a bicycle for your birthday. You split your time among all the new toys, and your brother was happy too and called you "King Julian."

We spent a beautiful afternoon and then your father came home and we had dinner and then ... more toys, plus an encyclopedia because you love to read. I puff up with pride when you read—you never tire of it. You'd rather read than open your birthday presents or play.

You kissed me goodnight and as I was getting in the car, you came close and said: "Granny, thank you for sharing with me."

When you say these things it shakes my soul and I know a boundless gratitude.

Love you,
Grandma Mima

8 de marzo, 2006

Queridísimo Julian:

Hoy cumpliste 6 años y fui a pasar la tarde contigo. Mis regalos fueron un auto rojo como querías, y un robot, al verlo me dijiste: "abuela es lo que yo quise toda mi vida." A veces te expresas como si fueras un adulto.

Te saqué fotos mientras jugabas en el patio de tu casa con Enzo. Tus padres te regalaron una bicicleta y repartías tu tiempo entre todos los juguetes nuevos, tu hermano también estaba feliz y te llamaba "Rey Julian."

Pasamos todos una tarde hermosa, tu papá vino del trabajo, cenamos y después... más juguetes y además te compró una enciclopedia, ya que te gusta leer mucho. A mí me enorgullece escucharte leer, no te cansas nunca. Prefieres leer que jugar o que abrir los regalos de tu cumpleaños.

Me despidieron con besos y cuando ya estaba entrando al auto, te acercaste y me dijiste, "abuelita, gracias por compartir conmigo"; cuando dices esas cosas me estremeces el alma y siento una gratitud sin límites.

Te amo
La abuela Mima

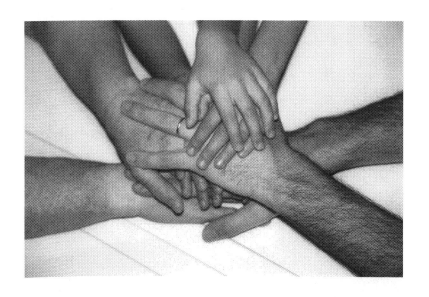

April 5, 2006

Dearest Enzo and Julian,

Today I will tell you some things about your great-grandfather Julio. He was born June 10, 1918 and died July 6, 1988. He was one of four brothers, who by birth order were Enrique, Juan, Julio and Alfredo. All were born in Montevideo, Uruguay.

My paternal grandparents were José and Francisca, who were both born in Spain.

My father had to work from a very early age. First he shone shoes and sold newspapers, and later he opened a buying and selling shop. When he married Great-Grandma Inés, he opened a sewing factory. Although he had little education, he had a head for business and succeeded in all these endeavors.

My parents divorced when I was five years old and I didn't see my father for a long time, not until I was an adult and could visit him on my own.

I can't say much about my paternal grandparents, as I barely remember them. I've managed to hold on to some vague memories of my grandmother, who my father frequently visited.

I recall my uncles clearly, though; my mother wanted us to have contact with my father's family and often took us to see them.

When his mother could no longer live alone, my father brought her to live with him and cared for until the day she died.

Grandma Mima

5 de abril, 2006

Queridísimos Enzo y Julian:

Hoy les contaré algunas cosas del bisabuelo Julio. El nació el 10 de junio de 1918 y murió el 6 de julio de 1988. En total eran cuatro hermanos, por orden de nacimiento Enrique, Juan, Julio y Alfredo. Todos nacieron en Montevideo, Uruguay.

Mis abuelos paternos eran José y Francisca, ambos nacieron en España.

Mi padre tuvo que trabajar mucho desde pequeño, primero lustró zapatos y luego vendió diarios. Cuando creció puso su negocio de compra venta y luego cuando se casó con la abuela Inés puso una fábrica de costura, a pesar de su poca educación era muy inteligente para los negocios y le fue muy bien en todo lo que emprendió.

Mis padres se divorciaron cuando yo tenía cinco años y dejé de ver a papá por mucho tiempo, hasta que fui adulta y podía ir a visitarlo.

De mis abuelos paternos es poco lo que puedo decir, casi no los recuerdo. Vagamente rescato la imagen de la abuela, a quien papá visitaba seguido.

A los tíos los recuerdo bien porque mamá nos llevaba a verlos siempre; ella quería que tuviéramos contacto con la familia.

Cuando la abuela no pudo vivir más sola, mi padre la llevó a vivir a su lado y la cuidó hasta el día de su muerte.

La abuela Mima

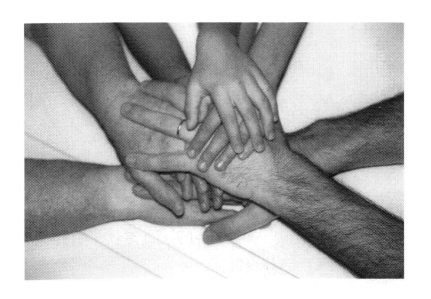

April 9, 2006

Dear grandsons,

Yesterday, I went to see you in your parents' new home, the home into which you will soon move. While I chatted with Julio, your mom picked you up from your friend's house; when you arrived you hugged and greeted me with quite a racket. Later we danced in the large main room, which is still empty, and then we went into the playroom. It doesn't yet have furniture, so we sat down on the floor to play. Then came time to watch a movie, with your mom Andrea's approval first. Julian, I taught you to play the video and you picked it right up. You're always ready to learn new things.

While we watched the movie, you played with a chair, Julian, and then you came to my side and we curled up together for a while. When you got up, Enzo took your place and lay beside me. You are both so tender and affectionate. Enzo, you don't like to be petted and fussed over so much, but if I leave you alone, you come to me; Julian, you love cuddling and hugging and respond to everything I say.

I had made fish and salad for dinner, and as soon as you saw it, Julian, you said you didn't like it, and Enzo immediately followed suit. I said that intelligent people never say they don't like something they haven't tried—you have to try it first, and then decide. You both took my words to heart and ate everything I'd prepared.

I spent such a pleasant afternoon with the whole family. You returned to the old house for your bath and bedtime, and I brought Julio some dinner. He was painting your bedrooms so that they wouldn't smell like paint when you move in. While he ate, we had some time to talk. Those times are rare; your father is always busy with work, the house, or with you. You are lucky to have good parents who love you so dearly.

I went home feeling lucky for the stupendous day I'd had, for the time I shared with you and for the chance to chat with my beloved son, your dad.

I love you all very much.

Grandma Mima

9 de abril, 2006

Queridos nietos:

Ayer fui a visitarlos a la casa nueva, a la cual pronto se mudarán. Mientras yo conversaba con Julio, vuestra mamá fue a buscarlos a la casa de unos amigos; cuando llegaron me abrazaron con algarabía. Luego bailamos en el salón grande que todavía está vacío y más tarde nos fuimos al cuarto de los juguetes, como todavía no tiene los muebles, nos sentamos a jugar en el piso. Después llegó el turno de ver una película previo permiso de Andrea. A ti Julian te enseñé el funcionamiento del video casetera y aprendiste enseguida, siempre estás listo para aprender algo nuevo.

Mientras mirábamos la película, tú Julián jugabas con una silla, luego viniste a mi lado y estuvimos largo rato juntitos, cuando te levantaste, te acercaste tú Enzo y te sentaste junto a mí. Son los dos tan tiernos y cariñosos. A ti Enzo no te gusta que te mime mucho, pero si te dejo solo, vienes a mí; en cambio a ti Julian te encantan los mimos y los abrazos y respondes a todo lo que te digo.

Cuando llegó la hora de cenar, yo había hecho una ensalada y pescado, apenas los viste, Julian, dijiste que no te gustaba y tú Enzo te hiciste eco de inmediato. Yo les dije que la gente inteligente nunca dice que algo que nunca ha comido, no le gusta; primero hay que probar y después decidir. Ambos tomaron en cuenta lo que les dije y comieron todo lo que les preparé.

Pasé una tarde muy agradable con toda mi familia; cuando llegó la hora de que ustedes se fueran a bañar, nos fuimos a la otra casa y cuando se fueron a dormir volví a la casa nueva a llevarle la cena a Julio que estaba pintando sus dormitorios, así cuando se muden ya no habrá olor a pintura. Mientras cenaba aprovechamos para charlar, ya que no hay mucho tiempo para conversar con vuestro papá; siempre está muy ocupado, cuando no es con el trabajo, es con la casa o con ustedes. Tienen la suerte de tener unos padres muy buenos, que los aman mucho.

Volví a mi casa dichosa por el día estupendo que había pasado. El tiempo compartido con ustedes y la charla con mi querido hijo, vuestro papá.

Los amo mucho a todos.

La abuela Mima

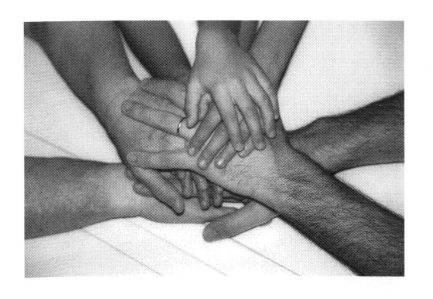

April 22, 2006

Dear grandsons,

Today I spent an unforgettable day with you. At last, moving day arrived and I came along to look after you so your parents could concentrate on the move.

At the start, Julian, you said you didn't want to move, that you liked your house. We watched television, assembled puzzles and played other games, but a few hours later when the moving truck came, you boys wanted to see what was going on and tried every excuse to leave the playroom.

Suddenly you both wanted to go to the bathroom at the same time. Enzo, you wanted to go each time Julian went. I explained you had to wait until your brother finished. Later you two told me you wanted to go to your room, but really you wanted to see what the movers were up to. And so it went for three hours, with you attempting escape and my stopping you.

My unconditional love for you makes me see everything you do as good, but today I truly realized how good and obedient you are. It's hard for two boys your age to spend the day stuck inside, but you did it with little resistance. Without doubt, your parents are teaching you well.

When at last all the furniture was in its place and all the movers had gone, we emerged and walked through the house. Then, Julian, you said that it was pretty and you were happy to have a new home. The truth is that the care and attention your parents give you would make any home a happy one.

I went home with the sweetness that your warmth and love bring me.

I love you very much.

Grandma Mima

22 de abril, 2006

Queridos nietos:

Hoy pasé una jornada inolvidable con ustedes. Por fin llegó el día de la mudanza a la casa nueva y debí ir a acompañarlos para que sus papás pudieran controlar que todo se hiciera como es debido.

Al principio, tú Julian decías que no querías mudarte porque te gustaba la casa en la que vivías. Miramos televisión, armamos rompecabezas e hicimos otros juegos, pero pasadas unas horas cuando llegó el camión con los muebles, los dos querían salir del cuarto y buscaban todas las excusas posibles para hacerlo.

Ambos querían ir al baño al mismo tiempo; Enzo, tú querías ir cada vez que iba Julian ... entonces yo debía explicarte que debíamos esperar a que terminara tu hermano. Luego me decían que querían ir a su cuarto, aunque lo que querían en realidad era ver lo que estaba pasando. Así pasamos tres horas, ustedes intentando y yo frenándolos.

Más allá de mi amor incondicional y de que pienso que todo lo que hacen está bien, hoy realmente me di cuenta de lo buenos y obedientes que son. Es muy duro para dos niños tan pequeños, el pasarse encerrados todo el día... y ustedes lo hicieron sin oponer demasiada resistencia. Sin dudas están muy bien educados por vuestros papás.

Por fin cuando todos los muebles estaban en su lugar y los hombres que hicieron la mudanza se fueron, pudimos salir y andar por toda la casa. Entonces Julian, tú dijiste que era lindo y estabas feliz de tener una casita nueva. Lo cierto es que con la atención y el cuidado que les brindan sus padres, ustedes estarán bien en cualquier lugar.

Volví a mi casa con la dulce sensación de haber recibido una vez más, toda la calidez y el amor que ustedes me dan.

Los amo mucho.

La abuela Mima

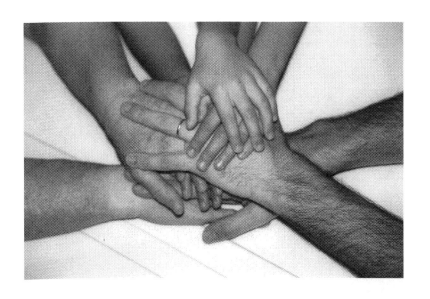

April 24, 2006

Dear Enzo,

Today I spent the morning with you so you wouldn't be alone while your mother took care of some things. I never thought you loved me so much—you attached yourself to me with your whole little body and lavished me with your love.

You are very independent and don't readily show your emotions, but today was special. Julian was in school and the two of us had a good time together, quality time.

Your father, your brother and you are the people I love most in this world ... and I put you in that order only because it is the order of your birth. I love my mother and father very much, but they are no longer with us and so the rules tell me I should use the past tense and say I "loved" them. That's not how it feels, though; I still love them as I did in life, and perhaps more so because I miss them so much.

I think that when Julian is with us too, you don't show your feelings as openly. I don't know what you feel when you see Julian so close to me, but I want you to know I love you both equally.

Love you,
Grandma Mima

24 de abril, 2006

Querido Enzo:

Te cuento que hoy fui a pasar la mañana contigo, para que no te quedaras solo mientras tu mamá arreglaba algunas cosas. Nunca pensé que me amaras tanto, te apegabas a mí con todo tu cuerpecito y me colmabas de cariño.

Tú eres muy independiente y no demuestras mucho tus sentimientos, pero hoy fue un día especial; Julian estaba en la escuela y los dos pasamos un muy buen tiempo juntos... calidad de tiempo.

Tu papá, tu hermano y tú, son las personas que más amo en este mundo... los puse en ese orden porque es el orden en el que nacieron. Amo mucho a mi madre y a mi padre, pero ellos ya no están entre nosotros, por eso las normas indican que debo utilizar el pasado y decir que los amaba, pero para mí no es así, los sigo amando como cuando estaban vivos o quizá más, ya que los extraño mucho.

Creo que cuando con nosotros también está Julian, no demuestras tus sentimientos. No sé qué sentirás al ver a Julian tan apegado conmigo. Pero quiero que sepas que te amo igual que a él.

Te amo,
La abuela Mima

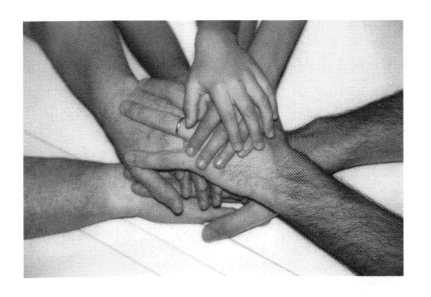

May 1st, 2006

Dear grandsons,

Today you came to visit me and we had the best time. We played, painted and watched television. You wanted to swim in the pool, but your mother said you couldn't ... and even though you knew this, you still walked to the pool's edge to dip your hands in the water and check its temperature.

You are always an extravagance of joy, and my efforts to fulfill your every wish only add to the abundance. You're so big and handsome now, too. Julian, you brought over the scale and weighed yourself and you'd gained two pounds since your last visit. You were so proud. And then you too, Enzo, wanted to weigh yourself. You weighed just a few ounces more than last time, but I made a big fuss over your gain and you too felt big and proud.

When Andrea came to pick you up, you didn't want to go because we were in the middle of a movie, and so I just gave it to you and you left happy.

I would like for you to come over more often. This very day I invited you over for lunch next week. I asked what you'd like me to make for you then; you requested a spinach omelet, Julian, and Enzo, you wanted fish.

I will miss you until then,
Grandma Mima

1º de mayo, 2006

Queridos nietos:

Hoy vinieron a visitarme, lo pasamos de lo mejor. Jugamos, pintamos y miramos televisión. Ustedes querían ir a la piscina pero vuestra mamá había dicho que no podían... ustedes lo sabían pero igual llegaban hasta el borde y metían las manitos para ver cómo estaba la temperatura del agua.

Siempre son un derroche de alegría, el que yo trate de satisfacer todos sus deseos contribuye a ello. Están grandes y lindos. Julian, tú trajiste la balanza y te pesaste, tienes dos libras más que la última vez que estuviste en casa. Estabas muy orgulloso por haber aumentado de peso y entonces llegó el momento para que tú también te pesaras, Enzo. Pesaste un par de onzas más, pero yo hice alarde de lo mucho que habías aumentado y también te llenaste de orgullo porque estabas más grande.

Cuando llegó Andrea a buscarlos, no querían irse porque estábamos mirando una película; entonces se las di y se fueron satisfechos.

Me gustaría que vinieran más seguido. Hoy mismo los invité para que vengan a almorzar la semana próxima. Ante mi pregunta sobre la comida que quieren que les prepare, tú, Julian, pediste tortilla de espinaca y tú, Enzo, pescado.

Los añoraré hasta entonces,
Abuela Mima

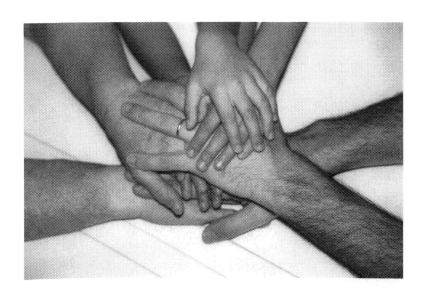

May 24, 2006

Dear Julian and Enzo,

When I saw you today, you were happy as usual. Thankfully, Julian, you were recovered from your pneumonia, and you, Enzo, were so very happy to have your brother well again. You showed me how you'd been playing with him. I shared a while with you and then returned home more peaceful, having seen for myself your improvement, Julian. Your illness worried me so.

Seeing you play so confidently makes me feel good and at peace, because you seem unafraid to express yourselves and how you feel. To be oneself is everyone's greatest fear. We're accustomed and conditioned to satisfy other people's demands, and over time we learn we must conform to their rules to be accepted.

This can penetrate and wear away at us, until we lose track of who we really are and don't even realize we're no longer free.

That's why it's such a joy to me to see you so free and happy. I hope you can remain that way. I used to think that humanity's greatest fear was death, but now I see the greatest fear is living. We stop ourselves from living how we feel is right for fear that others will judge us. Our greatest fear is taking a chance and living freely, without worrying what the rest of the world will think or say.

I know we must live in society and adapt ourselves to its rules, but I also know that we can be free and happy without imposing others' expectations and ways of life on ourselves. Our parents, our teachers and our friends want us to be a certain way to be accepted, because they fear that if we're not as they wish us to be the world will reject us. But in the end, we alone must decide who we choose to be, and our future happiness rests on that solitary choice.

We cannot remake ourselves in an image others create for us. We will never be perfect in their eyes, and we will run the risk of rejecting ourselves. What's important is to live with integrity, honesty and authenticity— without these, life is very difficult to live.

Grandma Mima

24 de mayo, 2006

Queridos Julian y Enzo:

Hoy fui a verlos y estaban felices como siempre. Por suerte, Julian, ya estás mejor de la neumonía y Enzo, tú estabas muy contento por eso y te mostrabas feliz de enseñarme cómo juegas con tu hermano. Compartí un rato con ustedes y luego volví a casa más tranquila por haber comprobado tu mejoría, Julian, ya que tu enfermedad me tenía preocupada.

Verlos jugar tan confiadamente me hace sentir muy bien y en paz conmigo misma, ya que no tienen miedo de expresar quiénes son y lo que sienten.

Ser uno mismo es el gran miedo de todos los seres humanos. Estamos acostumbrados y entrenados para satisfacer las demandas de otra gente, y con el tiempo aprendemos que, para que nos acepten, tenemos que seguir las pautas impuestas por los demás.

Es algo que va penetrando en nuestro ser, en tal medida que después de algún tiempo, ya ni sabemos quiénes somos realmente, y ni nos damos cuenta que ya no somos realmente libres.

Por eso me alegra verlos tan libres y felices, ojalá que siempre puedan seguir así. Antes pensaba que el mayor miedo que tienen los seres humanos era a morir, pero ahora me doy cuenta que el mayor miedo no es a morir, sino a vivir, nos resistimos a vivir lo que sentimos ya que no queremos ser juzgados, por eso creo firmemente que el mayor miedo que tenemos es a arriesgarnos a ser libres y felices sin preocuparnos de lo que los demás puedan pensar o decir.

Sé que tenemos que vivir en una sociedad y adaptarnos a ella, pero también sé que podemos ser libres y felices sin que nadie nos imponga su forma de proceder.

Nuestros padres, nuestro maestros y nuestros amigos quieren que seamos de una cierta manera para poder ser aceptados y piensan que si no somos como ellos quieren, no seremos aceptados, pero al final nos damos cuenta que la decisión de quiénes somos, debe ser estrictamente nuestra y de ella dependerá la felicidad que consigamos.

No podemos vivir con la imagen que los demás quieren para uno, ya que nunca vamos a ser perfectos para sus ojos, y por eso corremos el riesgo de rechazarnos a nosotros mismos. Lo que importa es ser íntegros, honestos y auténticos, sino a la larga la vida nos será muy difícil de sobrellevar.

Abuela Mima

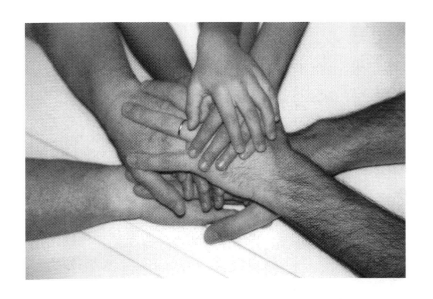

Dear grandsons,

Today, I called to see if you wanted me to come over and play with you, and you said yes with obvious joy.

I got there at 3 o'clock in the afternoon. We played on the ground floor first, and then went up to the playroom. You have so many toys it's hard to choose among them. I like learning how to use your electronic toys especially.

I'm going to share one of the conversations we had today:

Enzo: "I want to play with the toy that has three lights."

Me: "Well, I'll get it from the closet and we'll play."

Enzo: "I like it because I can make holes in it."

Julian: "No, you can't make holes. You have to use the holes it already has."

Enzo: "I'm going to make holes in it and that's that."

Julian: "But then you'll break it, don't you see? It doesn't work like that, it works like this."

You both began to play. Julian, you were building something; you, Enzo, set about making holes. All the while, Julian, you were saying you had to hurry before Enzo breaks your toy.

Julian: "Granny, guess what I made!"

Me: "Ummm... well, I think you drew two faces."

Julian: "No, Granny, I made two boys, me and Enzo."

Me: "Oh, how nice, my little love! They came out beautifully."

Julian: "Let's see if you can draw something, Granny."

Me: "Well, let's see... I'll draw... that's it... tell me what your Granny made."

Julian: "A boat! How nice, Granny!"

Enzo: "What can I draw?"

Me: "Well, draw what you want to draw. Think of something and then draw it."

Enzo: "But I don't know what to draw. I can't think... I don't know what to do now."

Me: "Well, draw Grandma's face."

Enzo: "No, wait, I'll make a girl's face."

These are the moments I adore, because you are so spontaneous and transparent.

I love you so much.

Granny Mima

1° de junio, 2006

Queridos nietos:

Hoy los llamé para saber si querían que fuera a jugar con ustedes y me respondieron que sí, con notorio júbilo.

Llegué a su casa a las 3 de la tarde y primero jugamos un poco en la planta baja, luego subimos al cuarto de los juguetes... tienen tantos que es muy difícil elegir. A mí me gusta aprender el uso de sus juguetes electrónicos.

Les voy a recrear uno de los diálogos que tuvimos hoy:

Enzo – Quiero jugar con este juego que tiene luces.

Yo – Bueno te lo saco del armario y jugamos.

Enzo – Me gusta porque se le pueden hacer huecos...

Julian – No, no se le pueden hacer huecos, hay que usar los huecos que ya tiene.

Enzo – Yo le voy a hacer huecos y ya.

Julian – Pero así lo rompes, no ves... no se hace así, se hace así...

Los dos se pusieron a jugar, tú Julian a armar algo y tú Enzo a hacer nuevos huecos, mientras Julian, tú decías que tenías que apurarte porque Enzo iba a romper el juguete.

Julian – Abuelita, a ver si podés adivinar qué hice...

Yo – Ummm... bueno yo creo que hiciste dos caras.

Julian – No abuelita hice a dos nenes, a mí y a Enzo.

Yo – Ah, ¡qué bien mi amorcito! la verdad es que están preciosos.

Julian – A ver abuelita si vos podés hacer algo...

Yo – Bueno vamos a ver... les voy a dibujar... ya está... díganme lo que hizo la abuela.

Julian – Un bote, jajaja, ¡qué lindo abuelita!

Enzo - ¿Y yo qué hago?

Yo – Bueno, hace lo que quieras... pensá y dibujá lo que pienses.

Enzo – Pero no sé qué hacer... no puedo pensar... no sé qué hacer ahora...

Yo – Bueno hace la cara de la abuela.

Enzo – No, mejor hago la cara de una nena.

Esos son los momentos que adoro con ustedes, por lo espontáneos y transparentes que son.

Los amo mucho.

La abuelita Mima

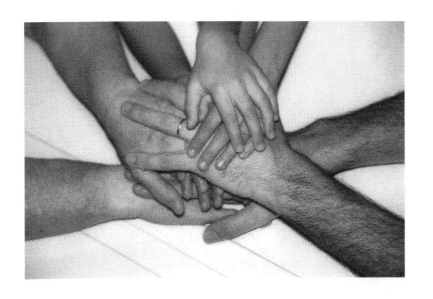

July 9, 2006

Dearest grandsons,

Today you arrived at my home shortly after noon. Your mom brought over some plants she's raised herself. I was sitting in the garage on the sofa you gave me, and when she got out of the car first, I asked, "Did you bring the boys?" She didn't need to answer, because at that instant you both burst from the car, singing like sparrows and happy I asked about you.

Then, we had this conversation:

Me: "I have something for you."

Julian: "I know you have a movie."

Me: "I have something else ..."

Julian: "You told me you had a movie."

Me: "I do have a movie, but I have this too."

And I gave you a ball.

Julian: "Wow!!! This is my favorite. What a nice ball, Granny!"

Enzo: "Give me the ball!"

Julian: "Well, let's share it."

Me: "I have things for both of you. Do you want to see?"

Enzo: "You bought us nice things, Granny!"

As you opened the gifts, I applauded you like it was all a big deal. Every few minutes you wanted me to applaud you for some new achievement.

Me: "Well, it's hot in the garage. Let's go inside."

Once inside, it went something like this:

Julian: "Granny, can I help you set the table?"

Me: "Yes, my love, that would be a great help."

Enzo: "And I'm going to clean your house."

Me: "Ok, my love."

And you grabbed a sponge and wiped the car and then the kitchen. Everything seemed new to you; you pulled out and picked up things from everywhere and asked what each one was.

Julian: "Where are you going to sit, Granny?"

Me: "Anywhere, my love."

Julian: "No, Granny, you tell me where, so I can give you all the nicest things."

Enzo: "The food is ready but my mom is busy, but my dad says that when the food is ready, it's ready. We should sit down and eat."

I think you were hungry, my love.

We waited for Andrea and ate together. When we were done, Andrea went back to work in the yard and you remained with me at the table. Julian, you didn't want to finish your meal and I said that was ok, but you, Enzo, started crying because Julian wouldn't finish his lunch. I explained that Julian wasn't feeling good, but you kept hiding your face as if to cry, until I asked you if you wanted more toys. You said you couldn't tell me. But I brought you a few toys from the garage and then your crying passed, and you smiled at me with your eyes full of tears.

Later you continued your cleaning, wiping that dirty sponge all over my white kitchen, while I praised you both for your fine help around the house. The last activity was watching a movie until Andrea finished and took you home.

As always, beyond my physical tiredness, your company revitalized me. You two inject me with your energy. And Andrea, with her tidy and patient work, left my yard looking lovely and full of new plants.

I love you very much.

Grandma Mima

9 de julio, 2006

Queridísimos nietos:

Hoy llegaron a visitarme poco después del mediodía; su mamá trajo unas plantas que ella misma plantó. Al llegar, Andrea descendió del auto primero y yo que los esperaba sentada en el garaje, en el sofá que ustedes me regalaron, le pregunté: "¿trajiste a los nenes?" No fue necesario que ella me respondiera, porque al instante los dos salieron como eyectados del coche, cantando como gorriones, felices de que hubiera preguntado por ustedes.

Allí mismo entablamos este diálogo:

Yo – Tengo algo para ustedes...

Julian –Ya sé que tenés una película...

Yo – Tengo algo más...

Julian – Me dijiste que tenías una película.

Yo – Sí, tengo una película... pero también tengo esto – Y les di una pelota.

Julian – ¡¡¡Guau!!! Es mi favorita. Que linda pelota, abuelita.

Enzo – Dame la pelota.

Julian –Bueno vamos a compartirla.

Yo – Tengo cosas para los dos ¿quieren verlas?

Enzo – ¡Qué lindo lo que nos compraste, abuelita!

Yo te aplaudía como si fuera una gran hazaña. Cada pocos minutos querías que aplaudiera por algo distinto.

Yo – Bueno, hace calor en el garaje. Vamos adentro.

Una vez dentro, sucedió algo así.

Julian – ¿Abuelita, te ayudo a poner la mesa?

Yo – Sí, mi amor, sería una ayuda muy grande.

Enzo –Y yo te voy a limpiar la casa.

Yo – Bueno, mi amor – y agarraste una esponja y se la pasaste al auto y luego a la cocina. Todo te parecía novedoso y sacabas cosas de todas partes y preguntabas para qué era cada cosa.

Julian – ¿Dónde te vas a sentar vos, abuelita?

Yo – En cualquier lugar, mi amor.

Julian – No, abuelita, vos decime dónde, así te pongo todo lo más lindo para vos...

Enzo – La comida esta lista y mi mamá está ocupada, pero como dice mi papá cuando la comida está lista, está lista y hay que sentarse a la mesa y comer - se ve que tenías hambre, mi amor.

Esperamos a Andrea y comimos juntos. Cuando terminamos, Andrea volvió al patio y ustedes se quedaron conmigo en la mesa. Julian tú no querías terminar de comer y yo te dije que estaba bien pero tú, Enzo, te pusiste a llorar porque Julian no terminaba su almuerzo; entonces te expliqué que Julian no se sentía bien, pero te tapabas la cara como para llorar, hasta que te pregunté si querías más juguetes. Tu respuesta fue que no me podías decir si querías más juguetes… Fui hasta el garaje y te traje unos cuantos y entonces se te pasó el llanto, sonreías con los ojos llenos de lágrimas.

Luego continuaste limpiando, pasando la esponja sucia por mi cocina blanca mientras yo los elogiaba a ambos por lo bien que me ayudaban.

La última actividad fue ver una película hasta que Andrea terminó y se los llevó a la casa.

Como siempre, más allá del cansancio físico, la compañía de ustedes me revitalizó. Ustedes son como una inyección de energía para mí. Además, con su trabajo prolijo y paciente, Andrea dejó los patios hermosos, con plantas nuevas.

Los amo mucho.

Abuela Mima

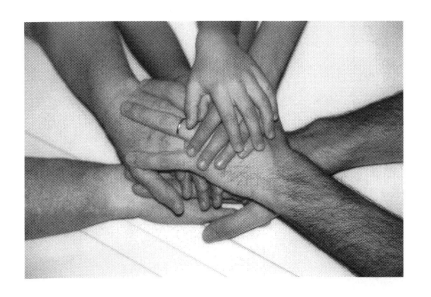

October 1st, 2006

Dear grandsons,

Yesterday you came to visit me. We played in the pool and had fun together. I hugged and cuddled you and your happiness fed mine; when I'm with you I try to enjoy every moment to its fullest.

We watched television a while and then had dinner. Enzo, you ate the sunflower sprouts I prepared with such love, and each time you brought one to your lips you said, "My Grandma made this," and looked up at me like a little man. And those moments cradle my soul.

Thanks to you two, I see life as more pleasant, more bearable. I had some difficult years during which everything seemed set against me. But you arrived with your vast, immeasurable love to lift me to a healthier mental state, and now I'm learning to let things work themselves out.

I need to let me problems resolve themselves little by little and let God help me remain in remission. I need to let fate intervene and allow the Universe to take charge of what I can't do or change. I remember my mother saying "God works in mysterious ways," and that's certainly so.

The only thing I ask of God in my prayers is that he protect you always, that he help you grow to be good men, and that he grant you health and happiness.

When I hold you in my arms, I think of my mother and know what she must have felt when she sat her own grandchildren on her lap and held them close.

I love you so much.

Grandma Mima

1° de octubre, 2006

Queridos nietos:

Ayer vinieron a visitarme. Jugamos en la piscina y nos divertimos mucho. Su felicidad alimenta la mía, los abracé y los mimé; cuando estoy con ustedes trato de aprovechar los momentos al máximo.

Miramos televisión un rato y luego cenamos. Tú Enzo, comiste los germinados de girasol que hice con tanto amor y con cada uno que introducías en tu boca, agregabas "esto lo hizo la abuela" y me mirabas como todo un hombrecito. Y esos momentos acunaron mi corazón.

Gracias a ustedes dos, veo la vida más linda y llevadera; tuve unos años muy difíciles en los que parecía que todo estaba en mi contra. Pero llegaron ustedes con su amor inconmensurable para llevarme a un estado mental más saludable y estoy aprendiendo a dejar que las cosas se vayan encaminando solas.

Tengo que dejar que los problemas se vayan arreglando de a poco y que Dios me vaya ayudando a seguir en remisión... dejar que intervenga el azar o simplemente dejar que el Universo se encargue de lo que yo no puedo hacer. Recuerdo que mi madre decía: "Dios trabaja de maneras misteriosas" y seguro que es así.

Lo único que le pido a Dios en mis rezos es que los proteja siempre, los ayude a ser hombres de bien, que les dé salud y puedan ser felices.

Cuando los tengo en mis brazos, pienso en mi madre, e intuyo que ella se sentiría así al tener a sus nietos en su falda y abrazarlos.

Los amo mucho,

La abuela Mima

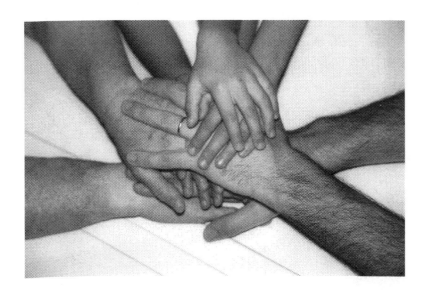

January 13, 2007

Dear Julian and Enzo,

I woke up this morning wanting to go to the movies. I checked ads and show times in the newspaper to see what was playing and spotted a children's movie. Immediately, I thought to ask Andrea if she would let you boys come with me. She said yes and so we met at the movie theater entrance. You arrived replete with joy as usual. You enjoyed the movie quite a bit. From time to time, Enzo, you would put your little hand on my arm and leave it there a while, as if needing to feel I was still there. In other moments, you would rest your head lovingly against my arm; you did it too, Julian. Those touches made me feel you like being close to me. I love you so! I'd like to see you more often, but we must content ourselves with what's possible and be grateful for that.

All my love,
Grandma Mima

13 de enero, 2007

Queridos Julian y Enzo:

Hoy me levanté con ganas de ir al cine. Mire los anuncios en el diario para ver qué películas se están exhibiendo y vi una para niños; de inmediato pensé en preguntarle a Andrea si los dejaba ir. La respuesta fue positiva y nos encontramos en la puerta del cine. Llegaron con el equipaje repleto de alegría como siempre.

Se entretuvieron bastante con la película; de vez en cuando Enzo, ponías tu manito sobre mi brazo y te quedabas así un rato, como queriendo sentir que allí estaba. En otros momentos, ponías tu cabeza junto a mi brazo y te apoyabas cariñosamente; lo mismo hacías tú Julian... en esos contactos me hacían sentir que les gusta estar cerca de mí... ¡los amo tanto! Quisiera verlos más seguido pero me conformo con lo que se puede y estoy muy agradecida por ello.

Todo mi amor,
La abuela Mima

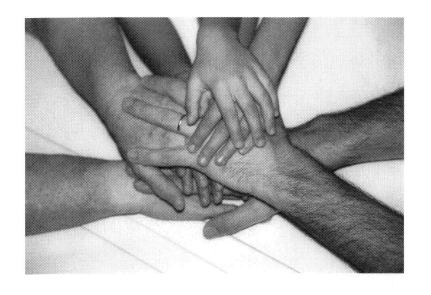

February 14, 2007

Dearest grandsons,

I had dinner with you today. I prepared a delicious meal and got to enjoy it with my son, my daughter-in-law and my grandsons. It's Valentine's Day, but more importantly it's your parents' anniversary. The love that united them 13 years ago remains intact.

The menu was breaded chicken, spinach omelet and tomato salad. Julian, you commented that this was your favorite food to eat after video games, which made us all laugh a great deal.

Perhaps the most important thing is life is to share it with the people we love, and not just on Valentine's Day. Love is what pushes us forward each day; it's what allows us to safely move forward. When we show people how much we love them, we all feel needed and important. We must express the love we feel every day, and we must make that expression a constant exercise. It's also good to pray for all that we want to stay whole and pure, to bless the world and appreciate the connection between us all. If we practiced this with all our hearts, we would make of our earthly home something very much like paradise.

It would be good if at every bend in our path, we shared our kindness and solidarity and treated each other with love and courtesy, because loving others is the best way to love ourselves.

Grandma Mima

134

14 de febrero, 2007

Queridísimos nietos:

Hoy fui a cenar con ustedes. Preparé una rica cena y la fui a disfrutar con mi hijo, mi nuera y mis nietos. Es el día de San Valentín, pero además es el día del aniversario de tus padres; hoy hace trece años y el amor que los unió se mantiene intacto.

El menú fue milanesas, tortilla de espinaca y ensalada de tomates; Julian, tú comentaste que es tu comida favorita después de los juegos de tv lo que nos hizo reír mucho.

Tal vez lo más importante de la vida sea, el compartirla con la gente que amamos, no sólo en el día de San Valentín. El amor es lo que nos empuja hacia delante cada día, es lo que logra que avancemos del modo más seguro. Cuando le demostramos a la gente que la amamos, todos nos sentimos necesarios e importantes. Todos los días hay que expresar el amor que sentimos, debemos hacer de su expresión un ejercicio constante. También es bueno rezar por todo aquello que queremos que se mantenga intacto y puro, bendecir el mundo y apreciar la conexión que tenemos entre todos. Si practicáramos de corazón todo esto, haríamos de este gran hogar nuestro, algo muy parecido a un paraíso.

Sería bueno que en cada recodo de nuestro camino, repartiéramos bondad y solidaridad, que tratáramos a los demás con amor y cortesía, porque amar a los demás es la mejor forma de amarnos nosotros mismos.

La abuela Mima

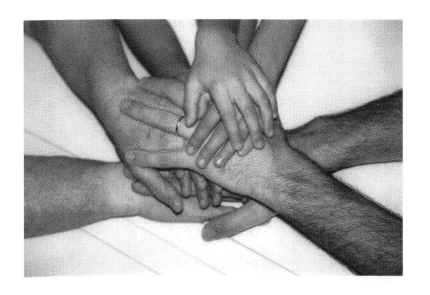

November 10, 2007

Dearest Julian and Enzo,

I invited you all to come spend Thanksgiving Day with me. After thinking it over, your dad called and said you were going to Disney World, but that we could all have dinner together on Sunday instead. So my Thanksgiving was on Sunday, because every time I see you I thank God that I can know and enjoy you.

As always, you welcomed me with laughter and kisses. I brought you toys and as soon as you saw them, the ritual of learning their operation began. Usually, it's Julio who takes on the teacherly duty of showing you how to use a new toy. Among the toys I gave you were two sets of plastic hands; Enzo, you chose the green pair, and you, Julian, kept the blue. Later, as often happens, there was friction over who chose which color, but after a while you settled down and were content with your choices. That happens often too.

You played a while and then we watched a movie. Your habit, Enzo, is to sit apart; while you, Julian, get as close to me as you can. I asked your permission to give you a massage and you said yes, and then your body eased and you grew calm and still, which is a rare occurrence. One close by, the other farther away, but each of you in your own way making me feel full and fortunate.

I thank God for this time with you, my little angels, which is what I always call you.

With all my love,
Grandma Mima

10 de noviembre, 2007

Queridísimos Julian y Enzo:

Los invité a todos para que vinieran a pasar conmigo el día de Acción de Gracias.

Después de pensarlo vuestro papá me llamó y me dijo que se irían para Disney World, pero que el domingo podía ir a cenar con ustedes; así que mi Día de Acción de Gracias se trasladó al domingo porque cada vez que los veo, le doy gracias a Dios de poder verlos y disfrutarlos.

Como siempre al llegar me recibieron con risas y besos. Les llevé juguetes y en cuanto los vieron comenzó el ritual de aprender su uso; generalmente es Julio quien hace la tarea didáctica de explicarles cómo se usan. Entre los juguetes que llevé, había unas manos de plástico; tú Enzo te quedaste con el par verde y tú Julian con el azul. Luego, como suele suceder, hubo algo de fricción por los colores que le habían tocado a cada uno, pero luego, se conformaron y disfrutaron, también como suele suceder.

Después de jugar un rato, miramos una película. Tu costumbre, Enzo, es apartarte; en tanto que tú, Julian, te acercas a mí lo más que puedes. Te pedí permiso para darte masajes y accediste, te fuiste quedando quietito, lo que no es fácil de conseguir. Uno cerquita, el otro más lejos, pero los dos a su modo, logrando que me sienta plena y dichosa.

Agradezco a Dios por este tiempo con ustedes, angelitos míos, como los llamo siempre.

Todo mi amor,
Abuela Mima

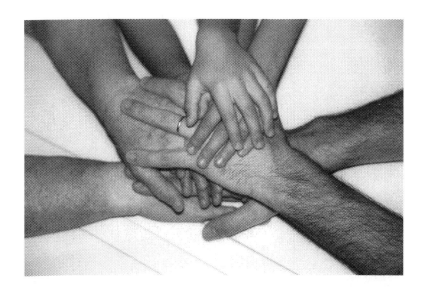

After writing to my grandchildren for several years, I decide it was time to end this chapter in our lives. The boys are bigger and no longer the babies I once held in my arms. I can share stories with them on a whole new level now. I remain in remission and continue to enjoy my grandsons and my life which is greatly enriched by the lessons cancer taught me.

Despues de varios años de escribirle cartas a mis nietos, decidi que era tiempo de finalizar esta etapa de nuestras vidas. Los chicos estan grandes y ya no son los bebes que podia acurrucar en mis brazos. Ahora puedo compartir con ellos en diferente nivel. Sigo en remission y sigo disfrutando de mis nietos y de mi vida. Cancer me enseño muchas lecciones que positivamente influenciaron la manera en la cual vivo.

To contact the Author you can write to.
Para contactar al Author puede hacerlo a.

imhhqz@yahoo.com

About the Author

Irene M. Herrera was born in Montevideo, Uruguay. She came to the United States in 1972, and in the year 2000 welcomed her first grandson, Julian, into the world. Her second grandchild, Enzo, was born in 2002. She credits the love of these two wonderful boys with saving her life.

Irene M. Herrera nacio en Montevideo, Uruguay. Ella vino a Estados Unidos en 1972, y en en año 2000 nacio su primer nieto, Julian. Su Segundo nieto, Enzo, nacio en 2002. Ella acredita que el amor de estos dos queridos muchachos le salvaron la vida.